MARION KAISER

STEINE BEMALEN

ALLE MOTIV-WELTEN: TIERE, NATUR, MANDALA & MEHR

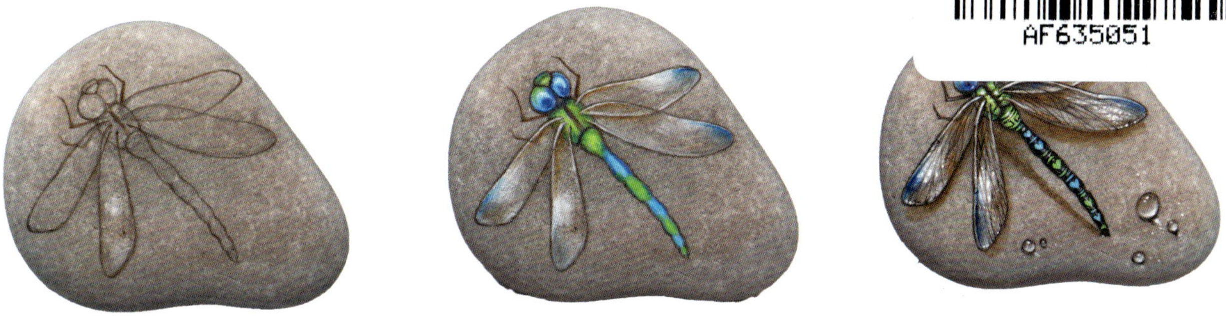

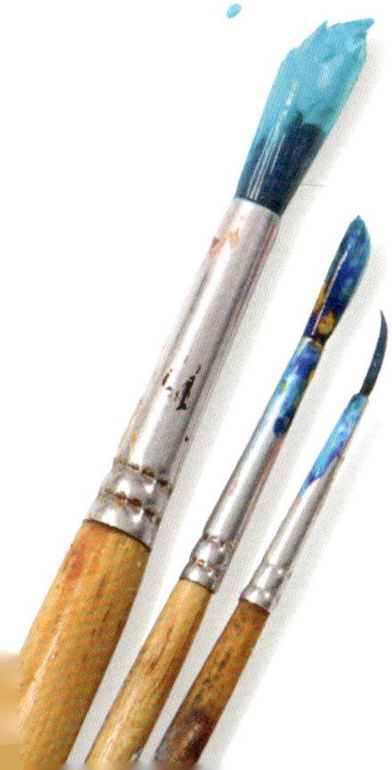

EMF

EIN BUCH DER
EDITION MICHAEL FISCHER

Inhalt

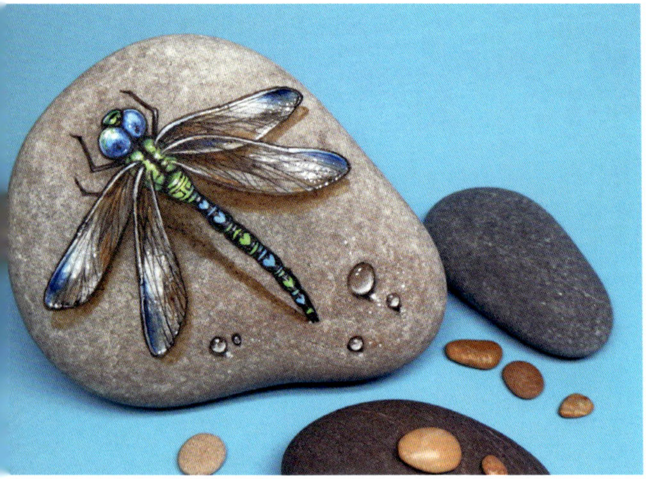

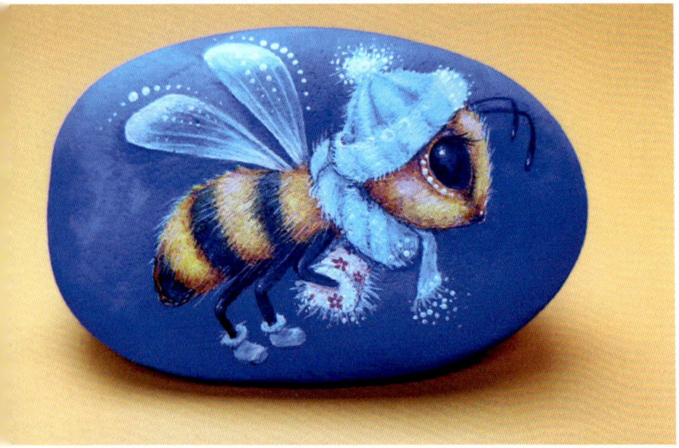

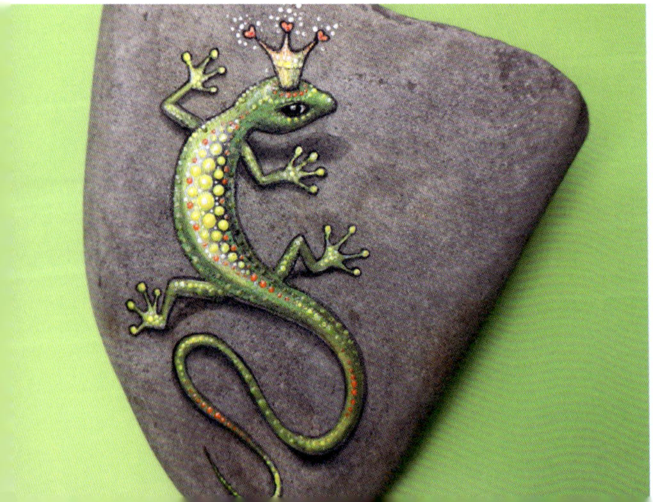

Vorwort

Wie schön, dass du jetzt diese Zeilen liest. Denn sie sollen dir einen von Herzen kommenden Gruß von mir bringen.

Ich heiße Marion und bin deine Steinmalerin, Fotografin und hoffentlich eine gute Motivationshilfe für dich.

Mit Begeisterung habe ich die Steine für dieses Buch für dich bemalt und hoffe, dass die Fotos dir auf deinem kreativen Weg unterstützend zur Seite stehen.

Viel Freude wünsche ich dir auch beim Sammeln der Steine (und einen stabilen Rucksack dazu).

Und wenn du mir eine Freude machen möchtest, dann schicke mir doch bei Gelegenheit ein Foto von deinem Lieblingsstein, den du bemalt hast.

Ich danke dir schon im Voraus, dass ich einen Blick auf deinen Stein werfen darf.

Alle Botschaften, die ich dir mit Worten jetzt nicht vermitteln kann, stecken in meiner Malerei und warten auf dich.

Hiermit wünsche ich dir viel Freude und Begeisterung, viel Zeit für dich, Geduld, und alles, was du noch brauchst, um dein Leben bunt, kreativ und … ganz wichtig … glücklich zu gestalten.

Danke, dass du da bist.

Auf meinem *YouTube-Kanal* findest du zahlreiche Anleitungsvideos. Suche dort nach „Marion Kaiser“ oder folge einfach dem QR-Code!

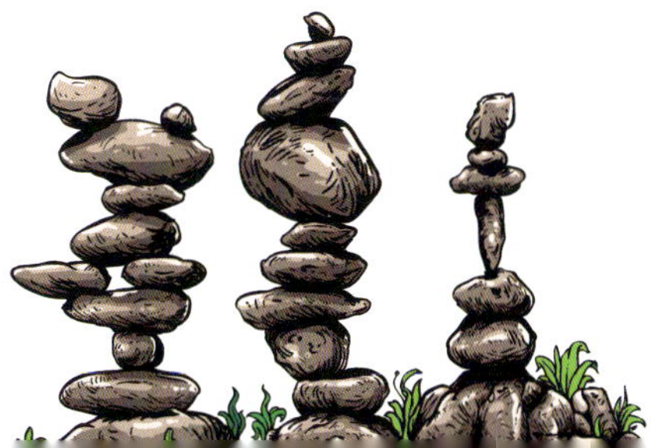

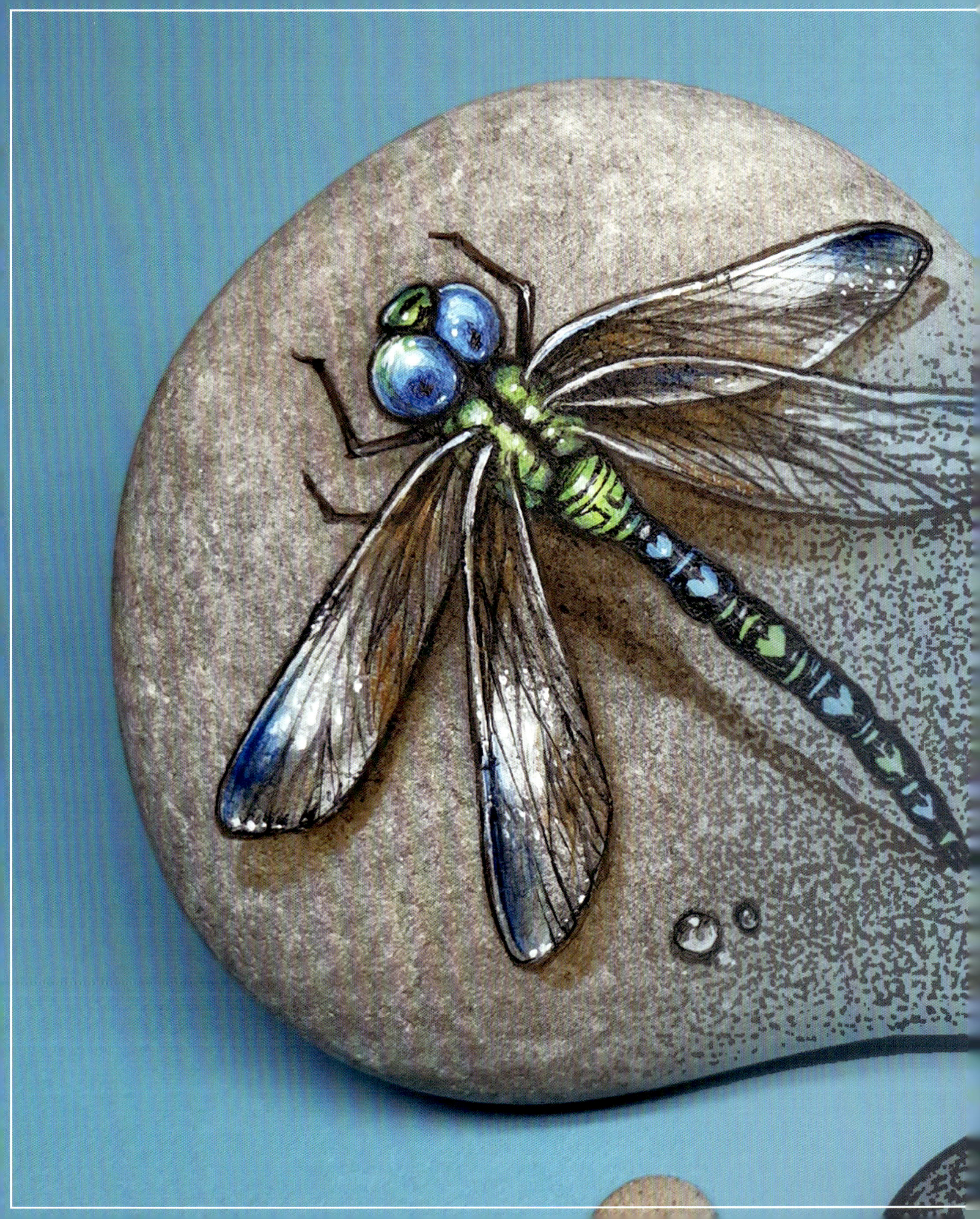

Grundlagen

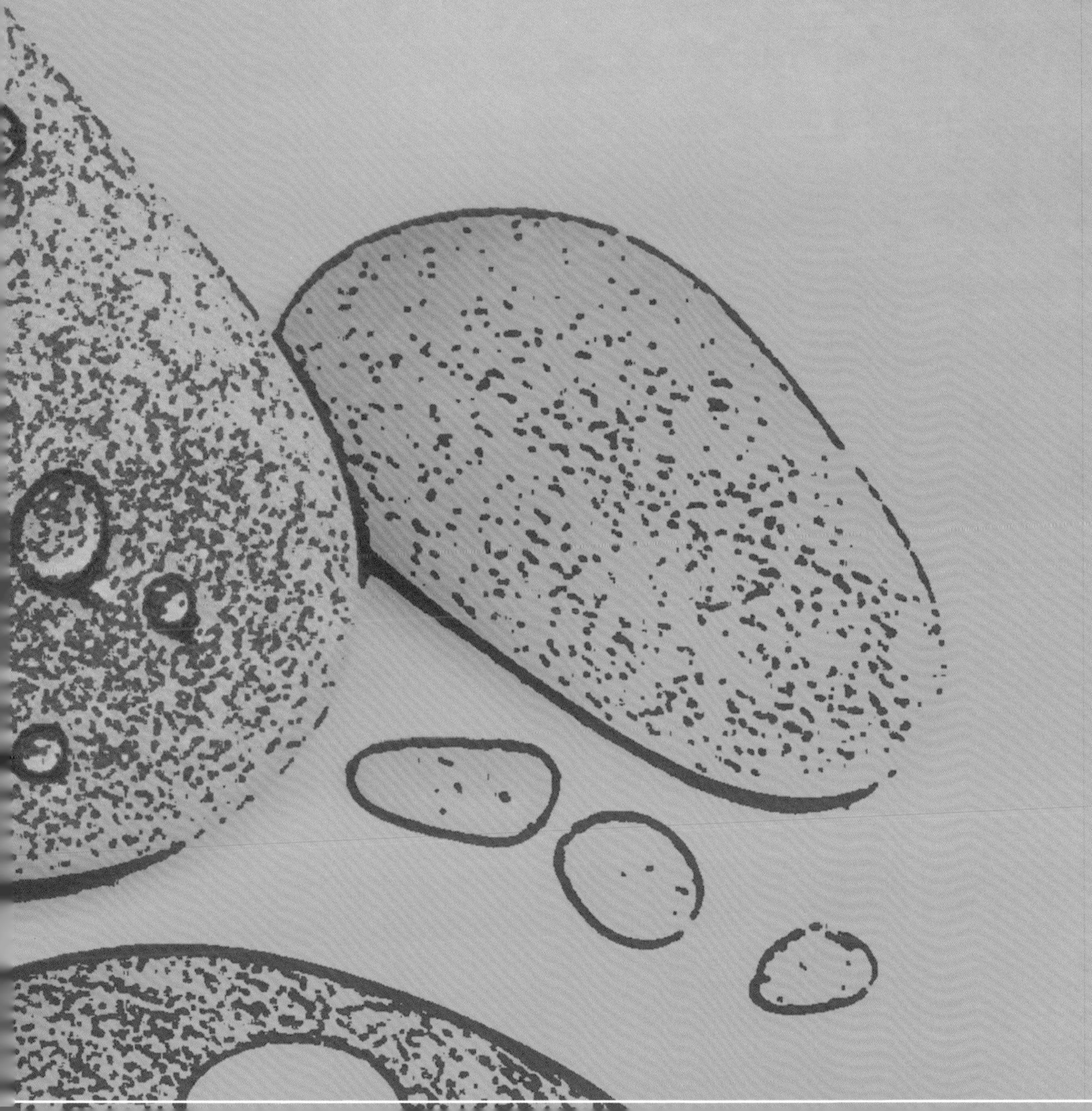

Steine

Jeder Stein ist anders und kann dir durch seine Form bei deinem Motiv zu Hilfe kommen. Frag nur den Stein, was er werden möchte!

WO FINDET MAN STEINE ?

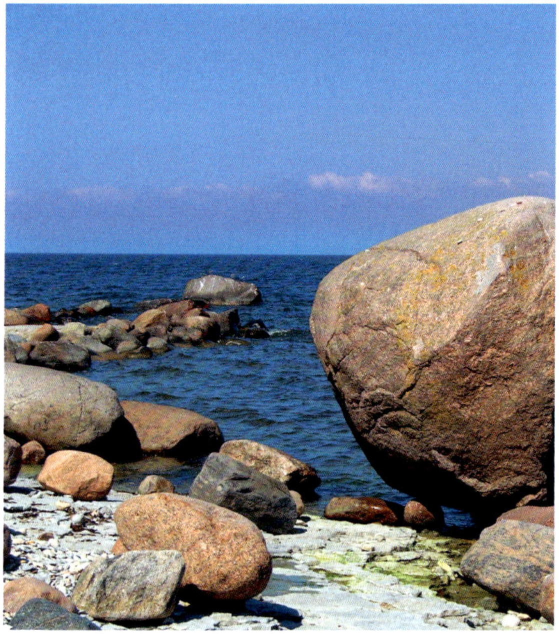

Schöne Steine gibt es an der Ostsee, auf Usedom und Rügen sowie bei Sassnitz und Rostock. Auch in den Alpenflüssen wie Isar und Inn lohnt es sich zu suchen. Da der Besuch am Meer nicht immer zu realisieren ist, ist es gut, dass sogar im Internet Steine angeboten werden. Zudem haben große Gärtnereien und Baumärkte auch oft Steine unter der Bezeichnung „Flusskiesel" in ihrem Sortiment.

WACKELIGE STEINE

Wenn ein Stein zu sehr wackelt, kann das durch einen selbstklebenden Filz oder mit kleinen Gummistoppern ausgeglichen werden. Du kannst ihn so in die Position bringen, in der du ihn haben möchtest.

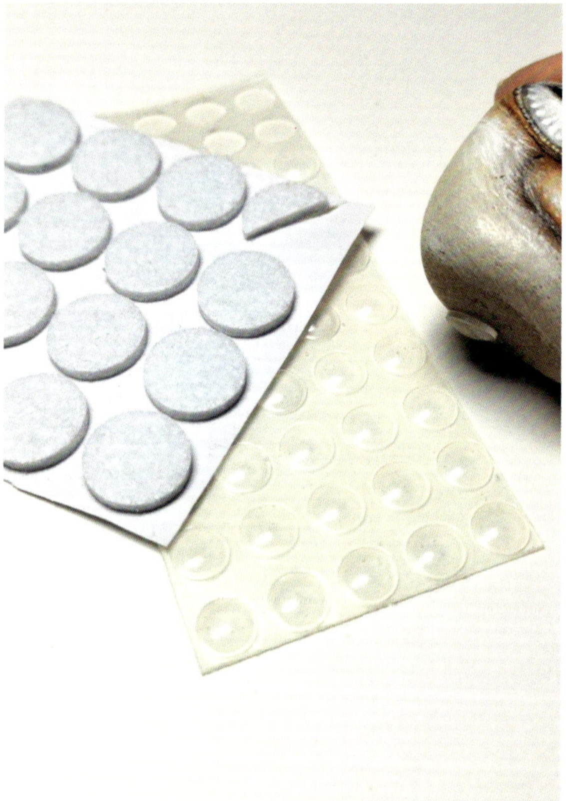

UNSCHÖNE LÖCHER

Oft haben Steine Löcher, die beim Bemalen stören. Diese lassen sich mit übermalbarer Universalspachtelmasse entfernen. Am besten trägt man diese mit einem kleinen Spachtel auf, wie im Foto unten gezeigt.

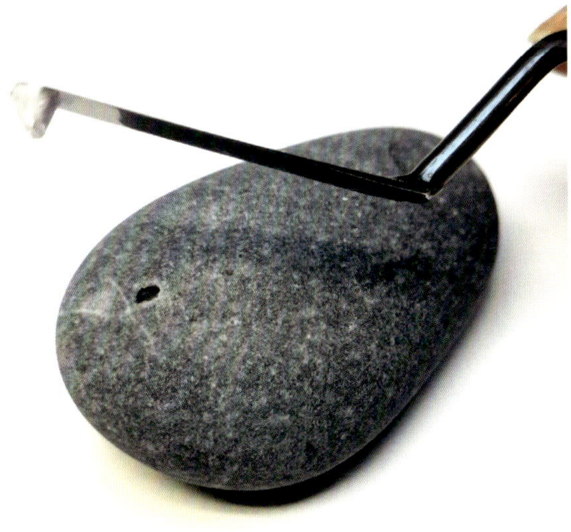

TIPP

Ich habe auch schon Steine bemalt, die Löcher hatten und obendrein zu rau waren. Dabei habe ich festgestellt, dass ich länger gemalt habe als üblich und die Malerei nur halb so schön wurde. Daher empfehle ich euch, sucht etwas länger und lasst die rauen Steine lieber liegen.

Bei mehreren kleinen Löchern nebeneinander kann man die Masse auch mit dem Finger verstreichen. Vielleicht braucht man dazu noch etwas Wasser.

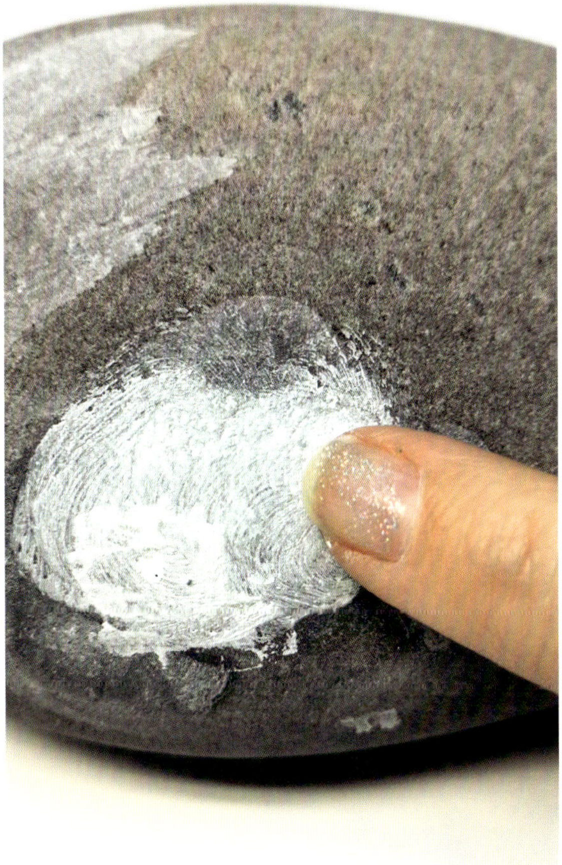

TIPP

Je glatter der Stein ist, umso filigraner wird die Malerei zur Geltung kommen.

Farben

Steine lassen sich gut mit Acrylfarben, mit Acryllack und Ölfarben bemalen. Im Handel gibt es auch Stifte, die dafür verwendet werden können. Bei meinen Motiven habe ich ausschließlich Acrylfarben und -lacke verwendet.

FARBSYMBOLE

Hochwertige Acrylfarben sind mit kleinen Quadraten gekennzeichnet:

- Lasierend
- Halblasierend
- Halbdeckend
- Deckend

Lichtechte Farben bekommen zusätzlich noch Sternchen ***. Dabei steigt die Qualität mit der Anzahl der Sternchen.

TIPP

Mein persönlicher Farbtipp für euch sind lasierende Farben in Braun und Gelb.

ABSCHLUSSLACK

Mit einem großen und weichen Pinsel kann der transparente Acryllack flott aufgetragen werden. Das verleiht den Farben Brillanz und gibt dem Werk zusätzlichen Schutz.

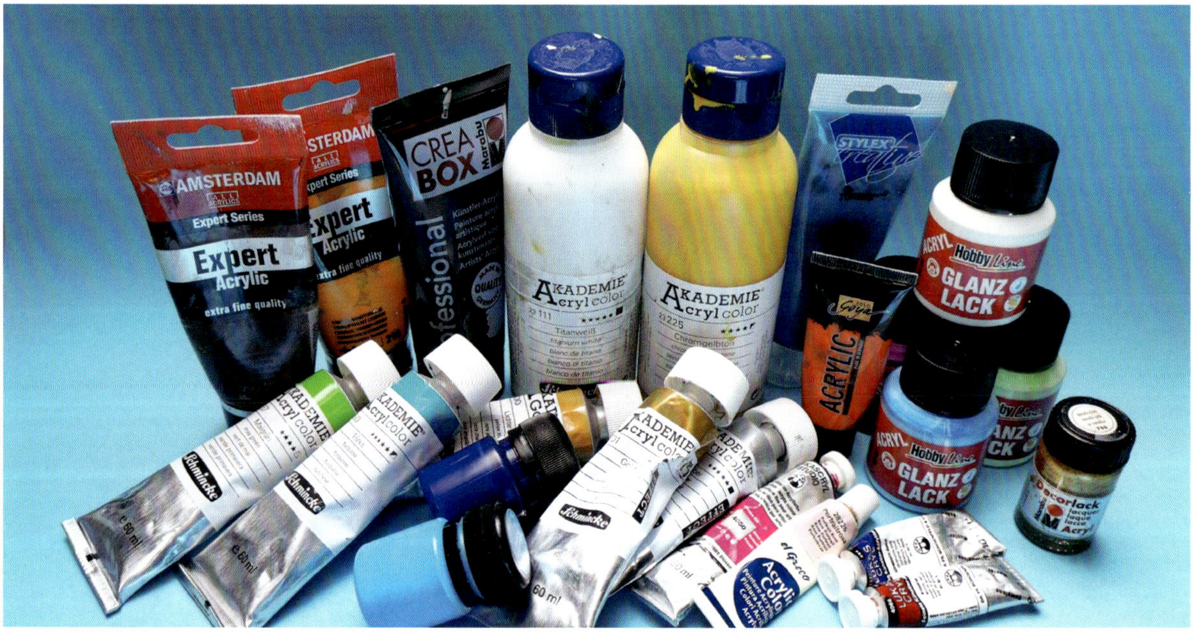

Pinsel

Wer vor einem Regal voller Pinsel steht, sollte als Erstes die Sorte für die Acrylfarbe nehmen. Pinsel für Aquarelle sind in der Regel zu weich und daher nicht geeignet. Mein Pinselsortiment stelle ich euch nun vor.

Mit diesen Pinseln sind alle im Buch abgebildeten Steine entstanden:

a) Der Synthetikpinsel zum Lackieren ist weich und breit (Größe 16).

b) Die Katzenzunge ist gut für größere Farbflächen (Größe 10).

c) Der borstige Schulmalpinsel ist ideal zum Fellmalen (Größe 9).

d) Alter Borstenpinsel für präzises Fell (Größe 1).

e) Dieser flache Pinsel ist gut für kleine Flächen mit präzisem Rand (Größe 2).

f) Ein solcher abgenutzter Pinsel sollte auf keinen Fall fehlen (Größe 1).

g) Für lange Schnurrbarthaare ist dieser Pinsel perfekt (Größe 1,5).

h) Für Lichtpünktchen in den Augen findet der Kleinste seine Bestimmung (Größe 0).

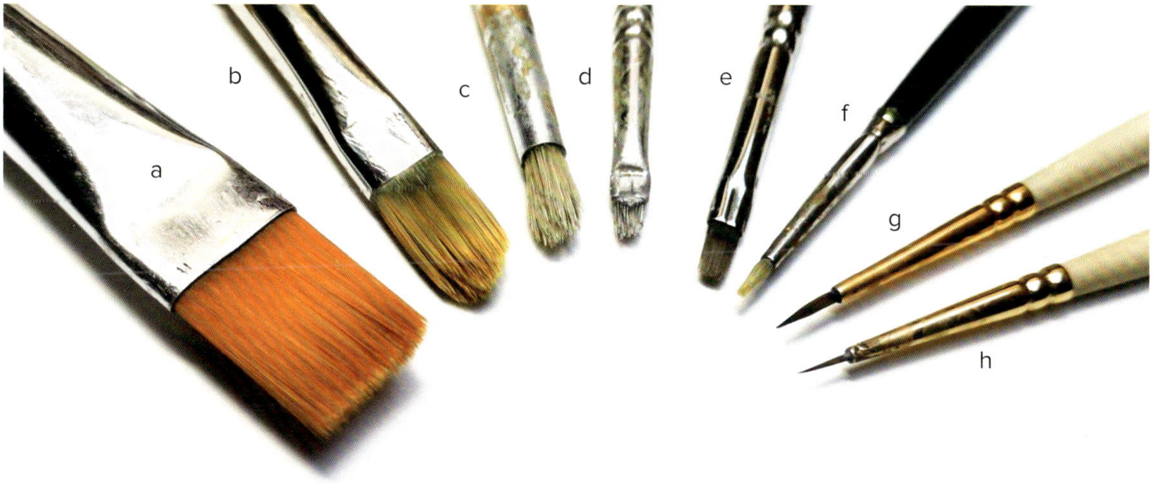

TIPP

Einfache Regel:
große Flächen = großer Pinsel
kleine Flächen = kleiner Pinsel

PINSELPFLEGE

Pinsel haben eine längere Lebensdauer, wenn man sie mit Pinselseife oder Kernseife auswäscht. Es ist erstaunlich, wie viel Farbe noch herausgespült wird, und eure Pinsel bleiben weich und geschmeidig.

Maltechnik

Wenn du schon Acrylfarben zu Hause hast, dann probiere aus, ob sie sich fürs Punktemalen eignen. Wenn das mit deinen Farbe nicht so gut klappt, dann probiere es mit Acryllack auf Wasserbasis.

PUNKTE

Bei der Gestaltung mit Punkten habe ich Acryllack auf Wasserbasis verwendet. Er lässt sich gut übermalen und macht schöne, dicke Punkte. Nimm dir dafür ein bisschen Zeit, denn hier kannst du gut „punkten"!

Für die Punkte hältst du deinen Pinsel einfach mal anders herum und arbeitest also mit dem Ende des Pinselstiels.

Für die ganz kleinen Pünktchen verwendest du Zahnstocher.

Die gleichmäßigsten Punkte entstehen, wenn du sie mit nur einem Tupfer auf den Stein bringst. Es lohnt sich also, das Punkten etwas zu üben – du wirst mit tollen Punktreliefs auf deinen Steinen belohnt.

Dicke Farbtropfen sind sehr schön, haben aber leider den Nachteil, dass du mit fünf bis acht Stunden Wartezeit rechnen musst, bis alles trocken ist.

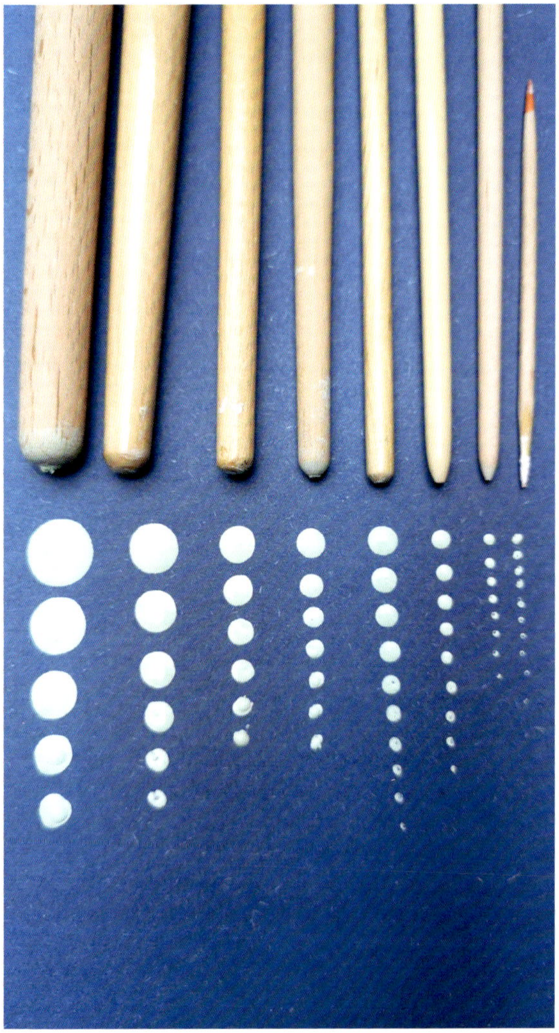

LASIEREN

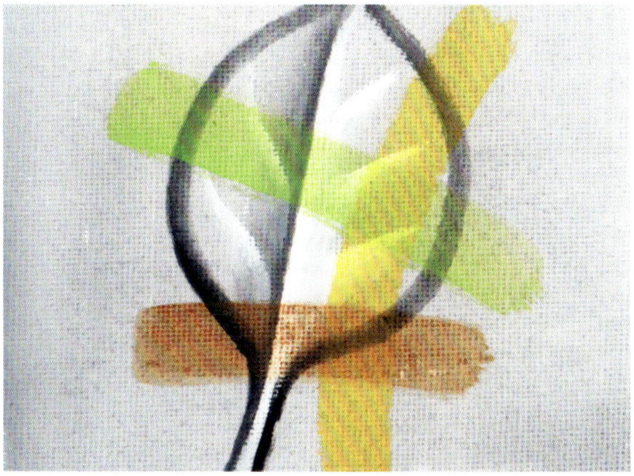

Um die Technik beim Lasieren besser zu zeigen, habe ich – wie ihr im Foto oben seht – ein Blatt in Schwarz und Weiß gemalt. Anschließend sind Braun, Grün und Gelb lasierend darüber gelegt worden. Stellt euch vor ihr habt einen Wassertropfen, dem ihr etwas Farbe schenkt. So sollte die lasierte Farbe sein.

Probiert dabei sowohl deckende als auch lasierende Farben aus, denn beide könnt ihr verwenden. Lasierendes Weiß muss nicht besser sein als deckendes Weiß mit Wasser.

Bei Braun und Gelb benutze ich für diese Technik nur lasierende Farben. (Die entsprechenden Farbsymbole findet ihr auf Seite 8 erklärt.)

SCHWIERIGKEITSGRADE

Die Motive im Buch sind nach Schwierigkeitsgraden geordnet, die jeweils mit einem Symbol gekennzeichnet sind:

 Für begeisterte Einsteiger

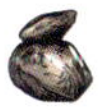 Für mutige Fortgeschrittene

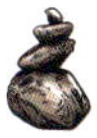 Für erfahrene Pinselschwinger

WEISSER UNTERGRUND

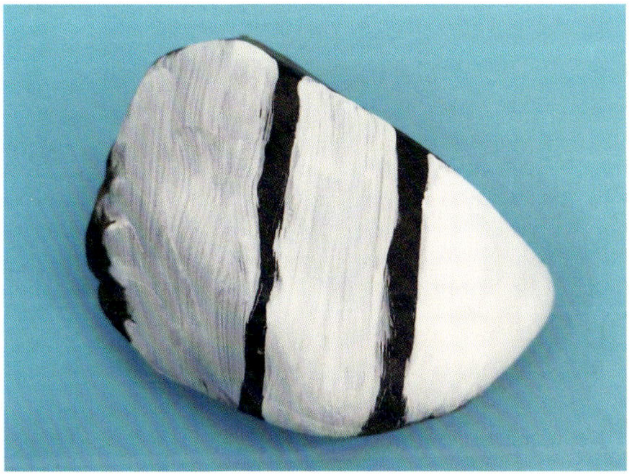

Im Bild oben siehst du einen dunklen Stein, an dem ich euch die Wirkung der Grundierung mit Weiß zeigen möchte: Auf der linken Seite habe ich nur eine Farbschicht, in der Mitte zwei und rechts drei Schichten aufgetragen. Wenn die Bemalung eures Steins hell und leuchtend werden soll, ist die weiße Grundlage wichtig, damit eure Farben darauf strahlen können. Nur wenn der Stein sehr dunkel oder schwarz bleiben soll, ist die weiße Grundierung nicht nötig.

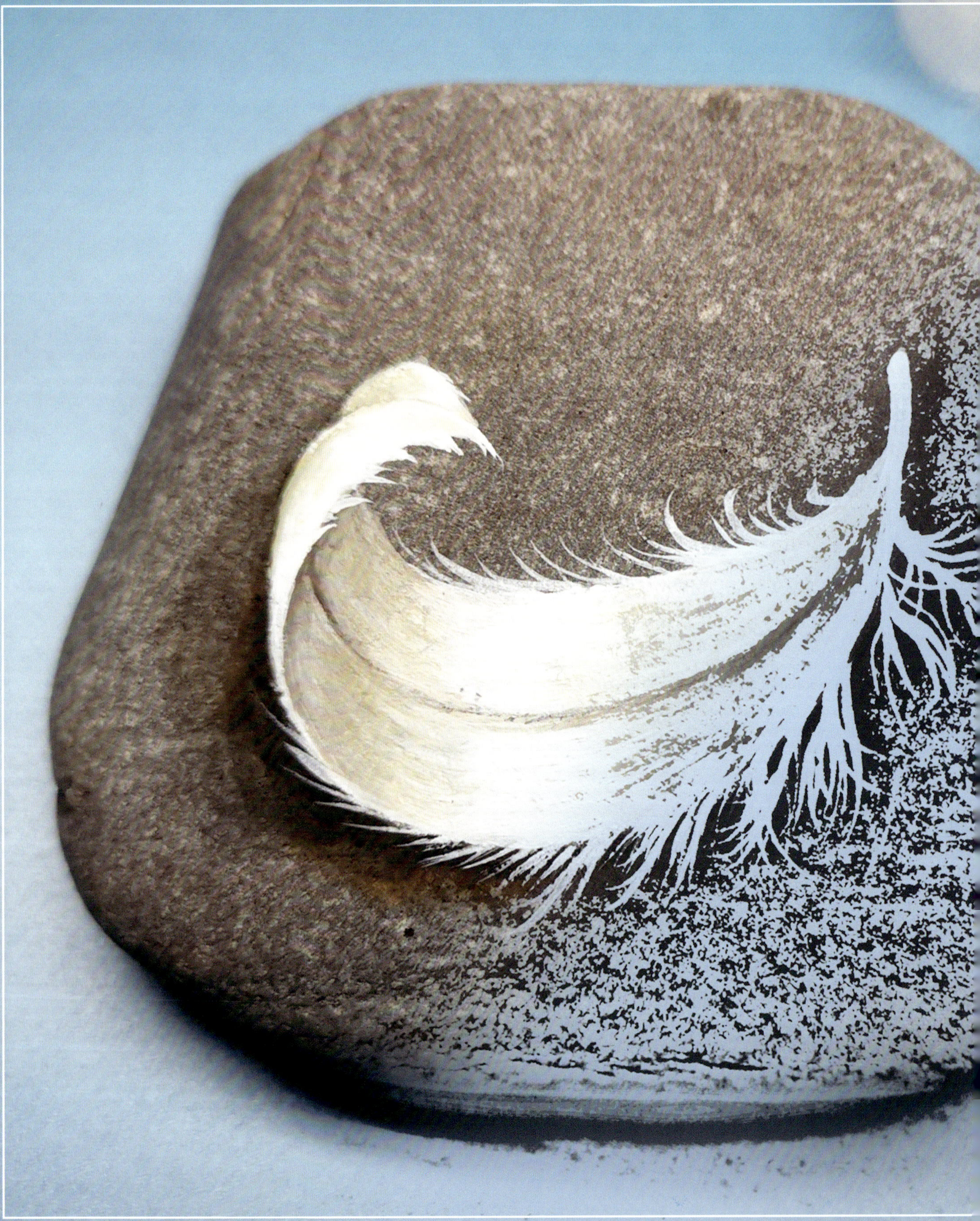

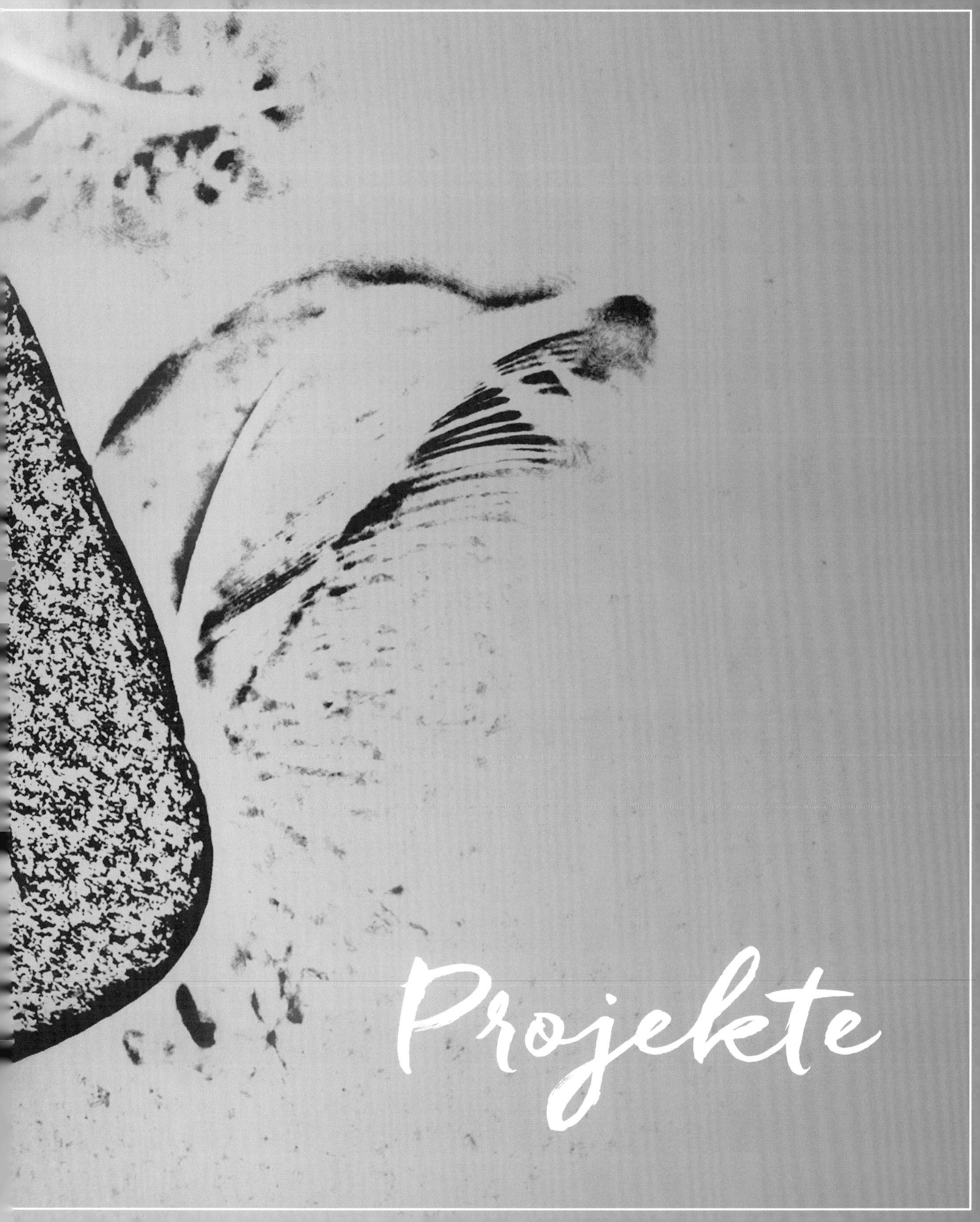

Projekte

Käfer GLÜCK

Für dieses einfache Motiv brauchst du die Farben Weiß, Schwarz, Rot und Blau und eventuell noch Grau oder Ocker. Zudem solltest du den Zahnstocher nicht vergessen.

WER STEINE SUCHT, DER KANN SICH ÜBER DIESES MOTIV FREUEN. DENN EIN KÄFERSTEIN IST SEHR LEICHT ZU FINDEN. SO EIN GLÜCK!

WUNSCH

Ich betrachte gerne die bunte und vielfältige Käferwelt. Als Glückssymbole sind sie ganz wundervoll und einfach zu malen.

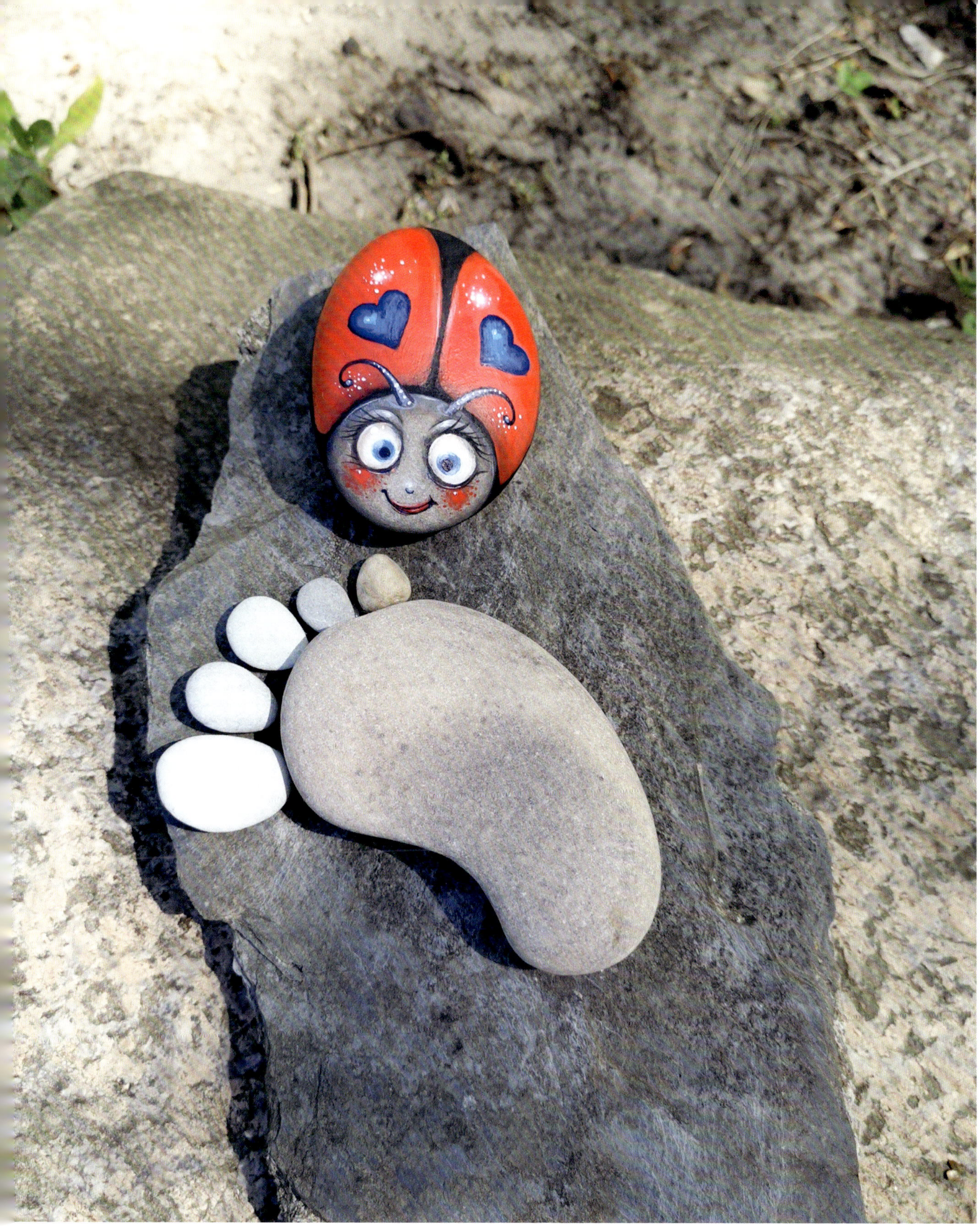

Los geht's

1 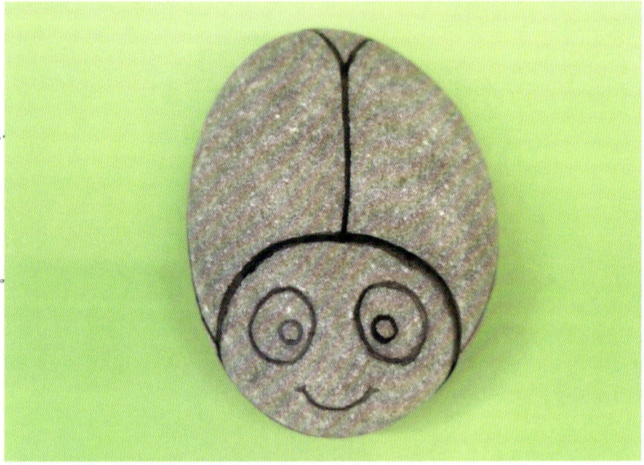

1 Zeichne mit dem Bleistift den Kopf und das Gesicht an, dann den Strich für die Flügel, und schon bist du mit dem ersten Schritt fertig. Fühler und Herzchen werden später auf die Farbe aufgezeichnet.

2 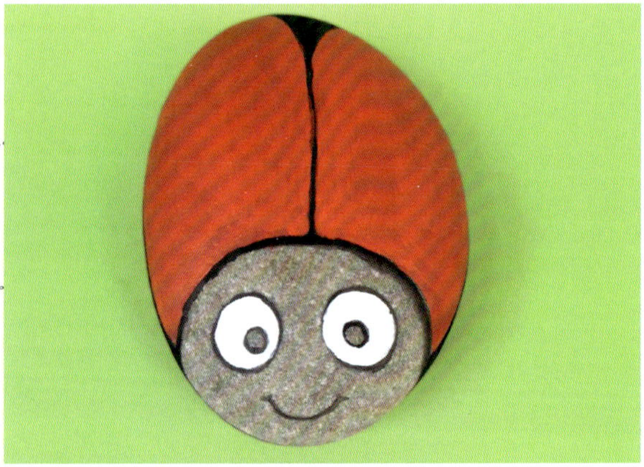

2 Jetzt kommt die weiße Farbe in die Augen und, wenn dein Stein sehr dunkel ist, auch noch als Grundlage unter die roten Flügel. Bei zwei Farbschichten wird die Farbe schön kräftig.

3 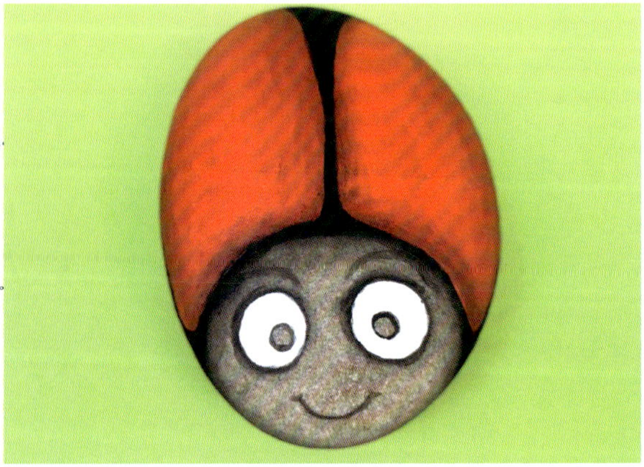

3 Anschließend lasierst du mit Schwarz – verwende viel Wasser dazu. Das hat den Vorteil, dass die Struktur des Steins noch zu sehen ist. Wenn dir die Farbe von deinem Stein nicht gefällt, empfehle ich, Grau oder Ocker darüberzustreichen.

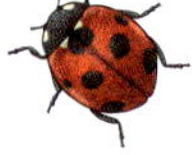

4

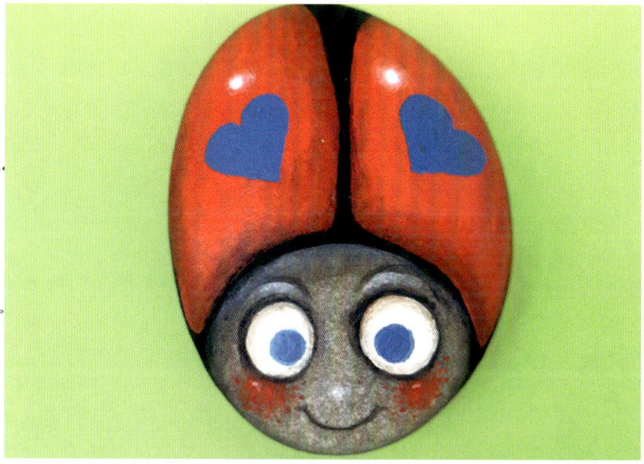

4 Mit dem Bleistift zeichnest du jetzt die Herzchen vor und malst sie mit Blau aus. Die Augen können dann auch ihre Farbe bekommen. Für die roten Wangen braucht dein Pinsel viel Wasser und ein bisschen Rot. Mehrere dünne Schichten davon ergeben einen weichen Farbübergang. Du kannst die Farbe auch auftupfen.

5

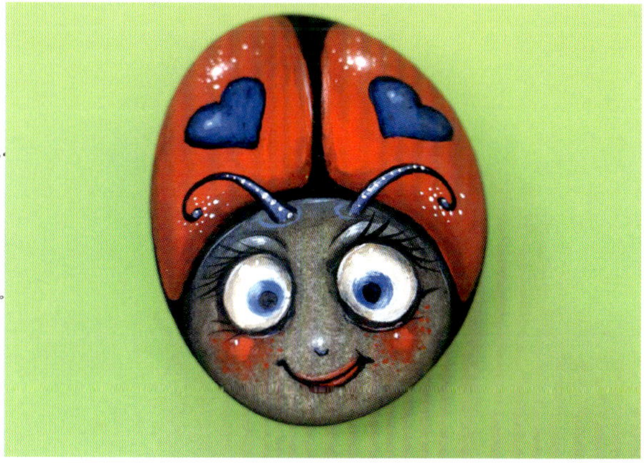

5 Jetzt kommen endlich die Fühler dazu. Mit deinem kleinsten Pinsel können zarte Wimperchen entstehen. Um dem Ganzen ein wenig Zauber zu geben, kannst du noch einige Lichtpünktchen verteilen, hierfür nimmst du den Zahnstocher.

TIPP

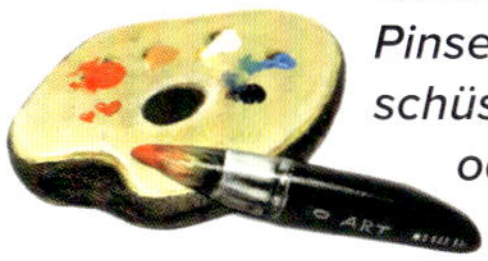

Wenn du beim Lasieren zu viel Wasser im Pinsel hast, sollte zum Abtupfen der überschüssigen Farbe immer ein altes Stück Stoff oder Küchenrolle zur Hand sein.

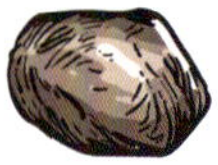

Clownfisch WANDEL

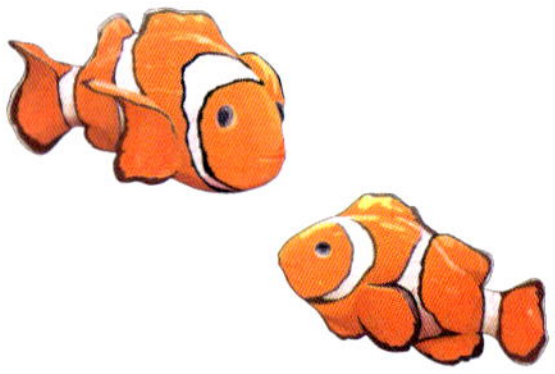

Für dieses Motiv brauchst du die Farben Schwarz, Weiß und Ocker sowie Orange, das du aus Gelb und Rot mischen kannst.

BEI DEN CLOWNFISCHEN LEBT EIN GROSSES WEIBCHEN MIT VIELEN MÄNNLICHEN FISCHEN ZUSAMMEN UND BRINGT NUR JUNGS ZUR WELT. WENN ES STIRBT, WECHSELT DAS GRÖSSTE MÄNNCHEN SEIN GESCHLECHT UND NIMMT DIE ROLLE DES WEIBCHENS EIN.

WUNSCH

Ich möchte mich zu meinem Besten wandeln. Allerdings bin ich zum Glück kein Clownfisch.

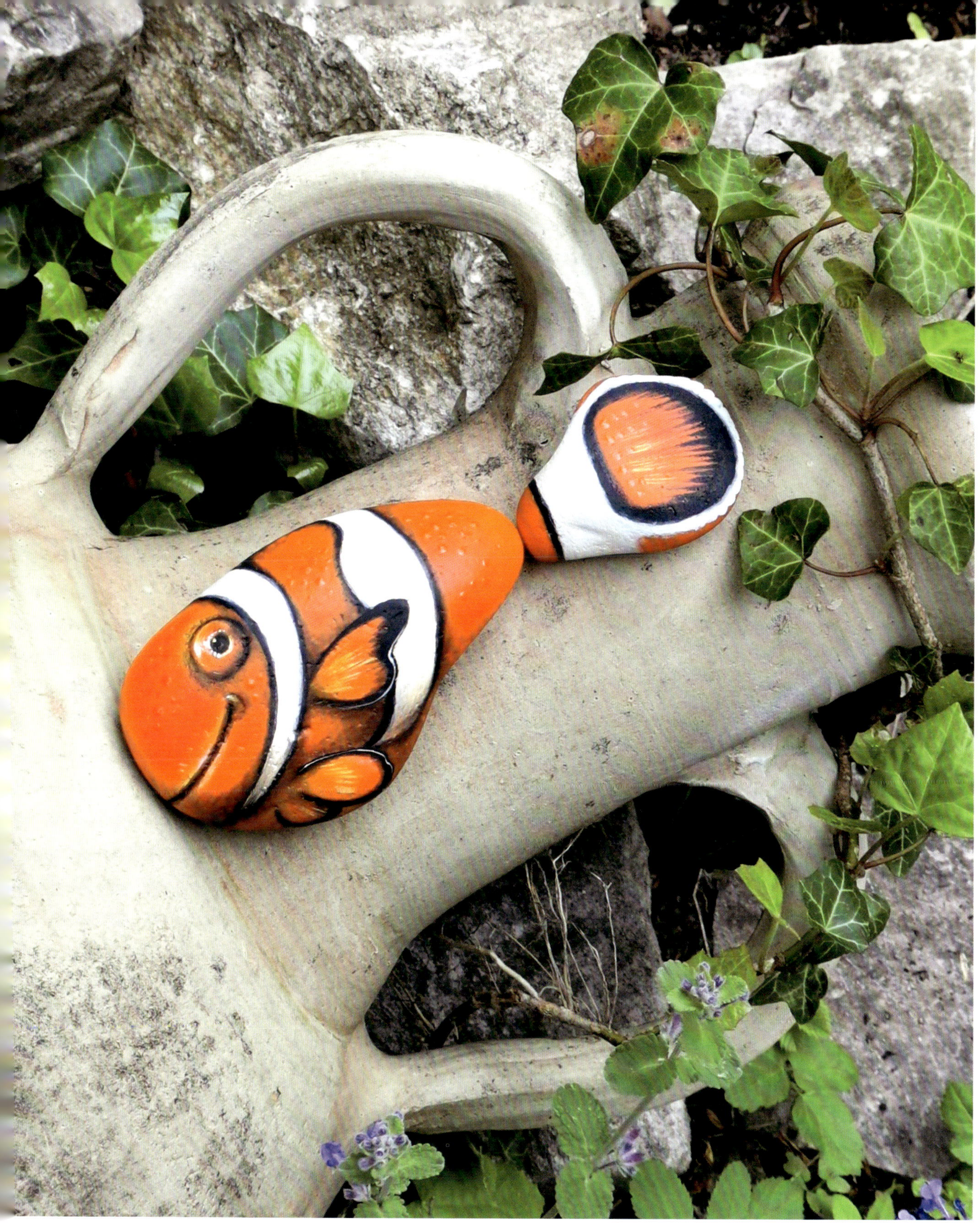

Los geht's

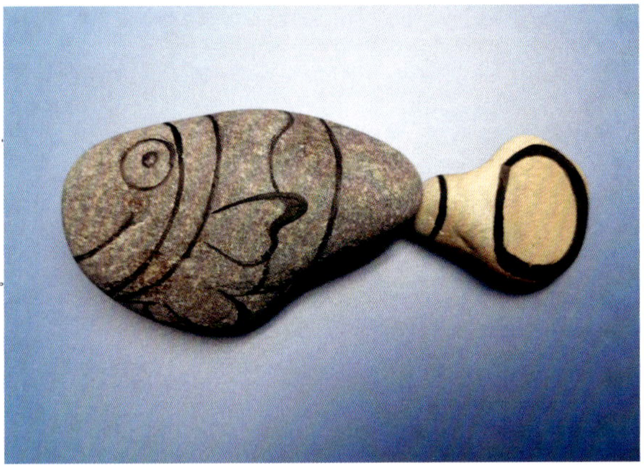

1

1 Wenn deine Steine sehr dunkel sind, ist es am einfachsten, zunächst alles komplett weiß anzumalen. Danach erst einmal mit dem Bleistift den Fisch entstehen lassen.

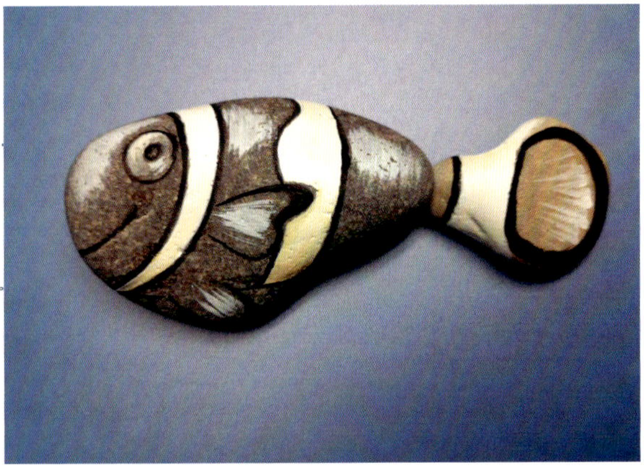

2

2 Hier erhält der Fisch durch das Weiß eine schöne Rundung und die weißen Felder bekommen am Rand ein wenig Ocker dazu.

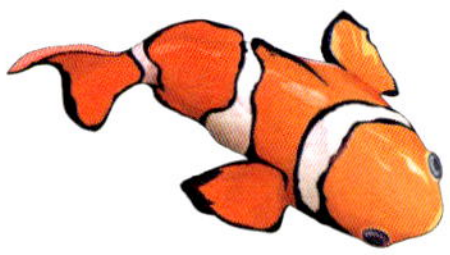

3

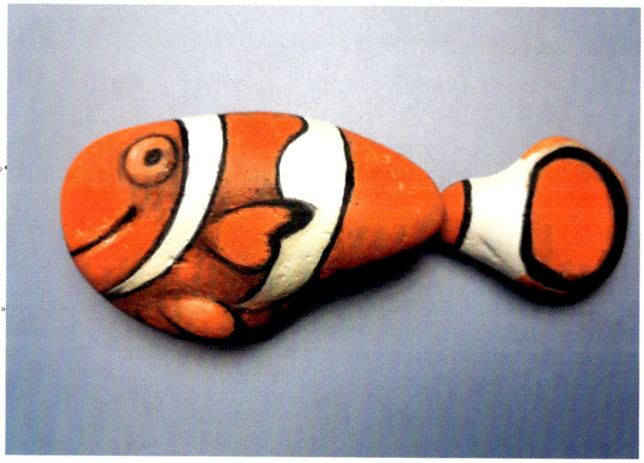

3 Ich mag es, wenn die schwarzen Linien am Rand ein wenig weicher sind. Dieser entsteht, wenn ich nach dem Farbauftrag einen feuchten Pinsel ohne Farbe zu Hilfe nehme und nochmals darübergehe. Das muss schnell hintereinander geschehen, um gut zu funktionieren.

4

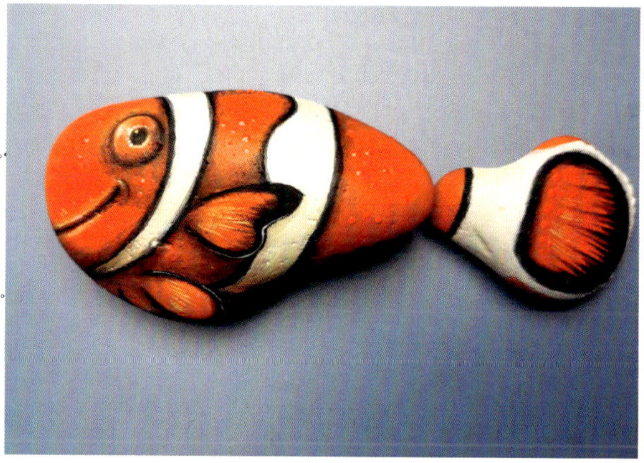

4 Damit die Farben schön kräftig werden, sind mindestens drei Farbschichten nötig. Jetzt noch ein paar kleine Farbpünktchen setzen, das bringt viel Lebendigkeit und Glanz.

TIPP

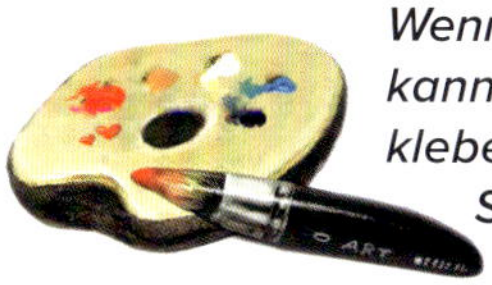

Wenn du nur einen Stein für den Körper findest, kannst du diesen auch auf eine Holzplatte kleben und den Schwanz einfach dazumalen. So hast du gleich ein komplettes Bild.

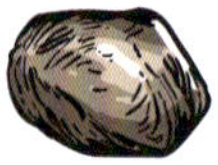

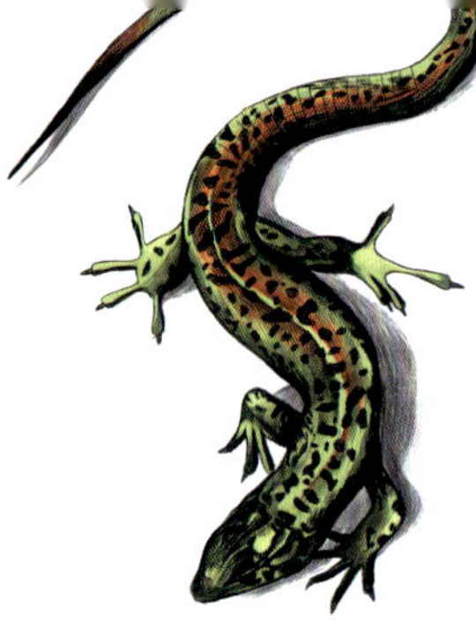

Eidechse

ENTSPANNUNG

Für die Entstehung der Eidechse sind folgende Farben nötig: Schwarz und Weiß, Gelb, Orange, Rot und Grün. Auch hier kannst du zudem wieder einen Zahnstocher benutzen.

BEIM BEOBACHTEN DER EIDECHSE WIRD DIE WELT RUHIGER, UND DIE ZEIT SCHEINT STILL ZU STEHEN. ALS OB JEDER TAG EIN SONNTAG IST. SIE SONNT SICH ZUFRIEDEN AUF IHREM STEIN.

WUNSCH

In der Ruhe liegt die Kraft … Das war bisher nur ein alter Spruch, doch diesmal habe ich die Tiefe darin erfahren und genutzt.

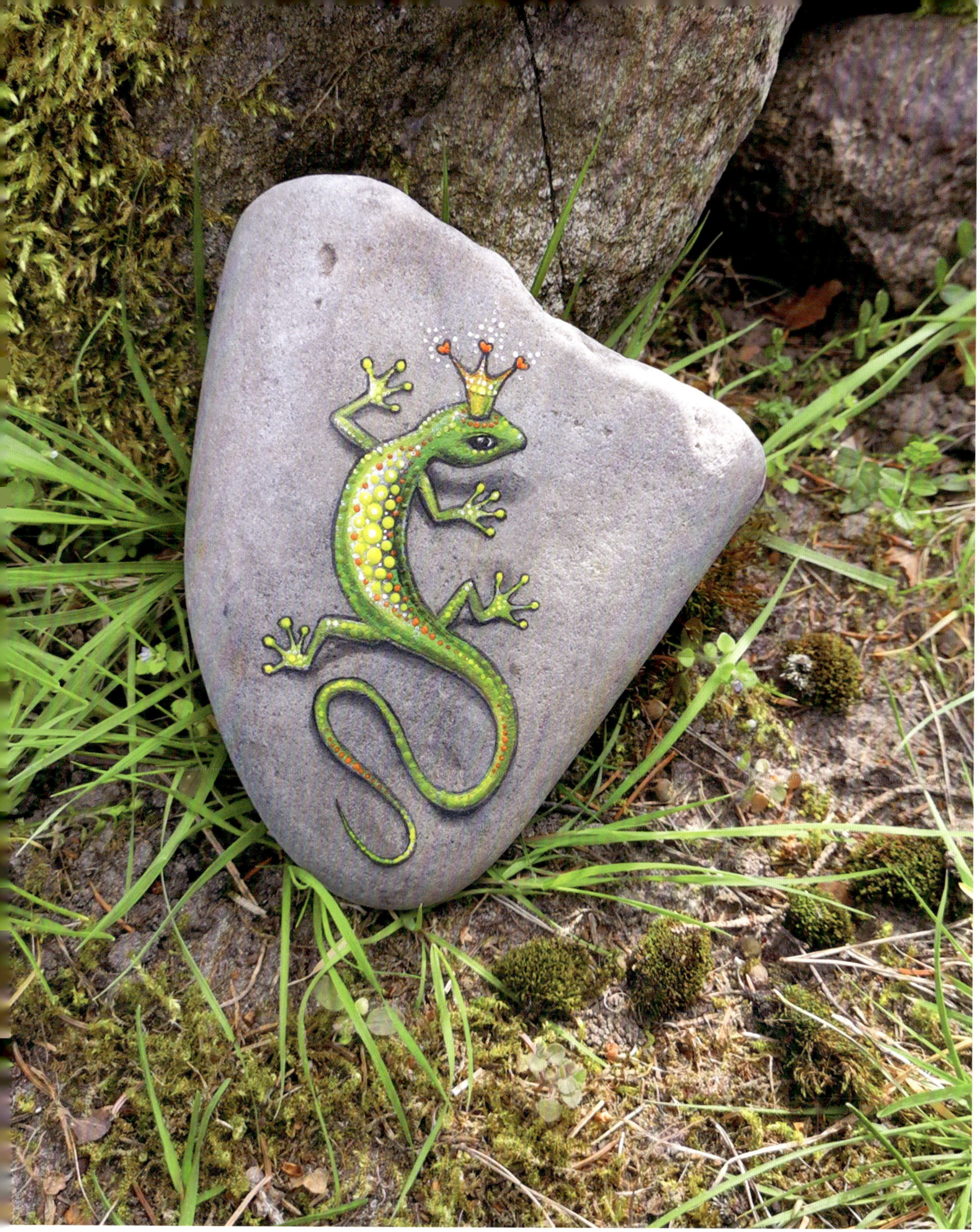

Los geht's

1

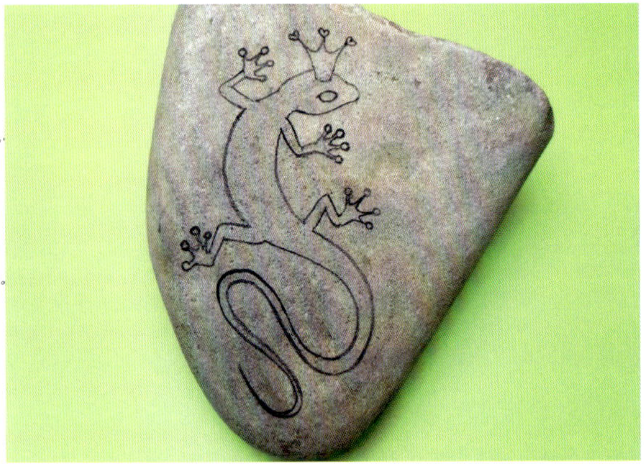

1 Zunächst entsteht die schöne Silhouette der Eidechse. Den Schwung des Schwanzes kann man, je nach Steinform, ein wenig ändern.

2

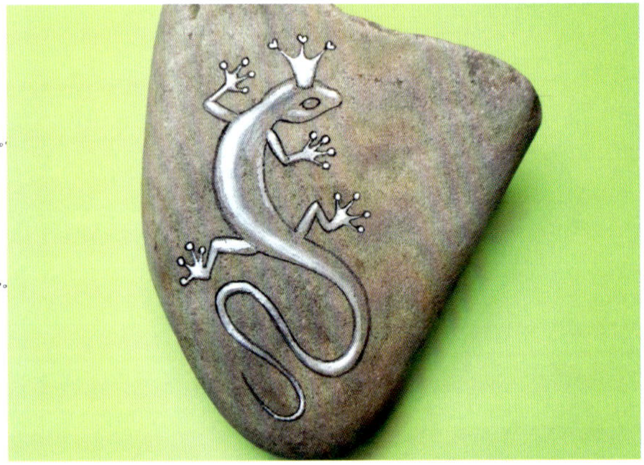

2 Mit ein bisschen Weiß entsteht sehr schnell ein runder Körper.

3

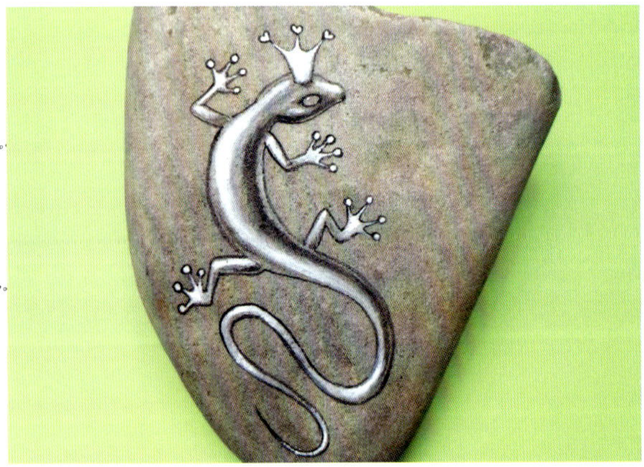

3 Die Schattenseiten werden jetzt mit Schwarz verstärkt.

4 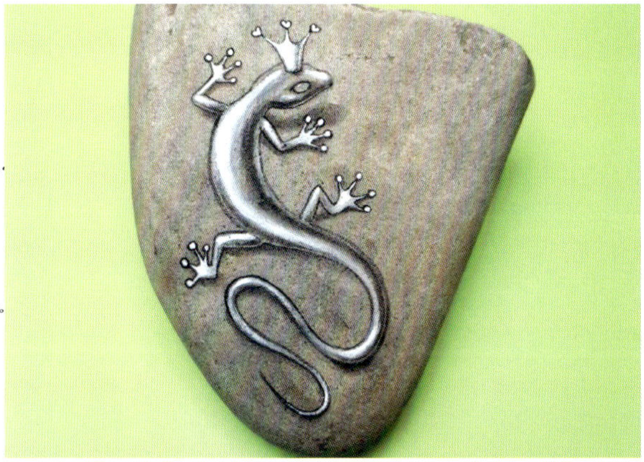

4 Mit viel Wasser und ein wenig Schwarz wird der Schatten, den die Eidechse auf den Stein wirft, gemalt.

5 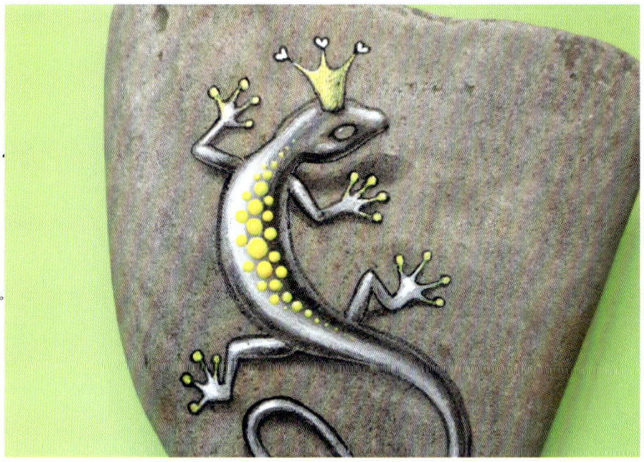

5 Mit gelbem Acryllack lasse ich ein paar dicke Punkte mit der Rückseite meines Pinsels entstehen. Je nachdem, wie dick die Punkte sind, kannst du dir jetzt eine Pause von ein bis drei Stunden gönnen, denn die Punkte müssen gut durchtrocknen.

6 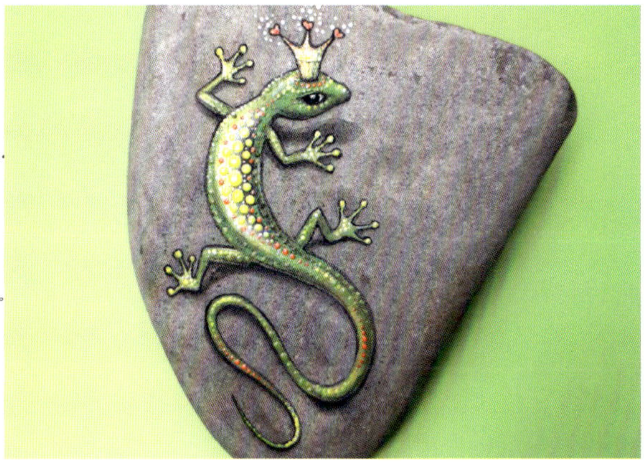

6 Zuletzt kommt endlich die grüne Grundfarbe dazu, mit orangen Streifen am Schwanz. Und so viele Pünktchen, wie du möchtest.

Goldfisch

MUT

Die Farben, die du für den Goldfisch brauchst, sind Schwarz und Weiß, Blau und Orange aus Gelb mit Rot, dazu noch einen Braunton, am liebsten einen, der lasierend ist.

EIN KURZER MOMENT, EIN KLEINER SPRUNG, UND DIE SICHT AUF DIE WELT IST VÖLLIG NEU. FÜR ALLE, DIE MUTIG UND MIT FREUDE NEUE WEGE GEHEN WOLLEN.

DANK

Mein Dank an alle mutigen Entdecker dieser Welt.

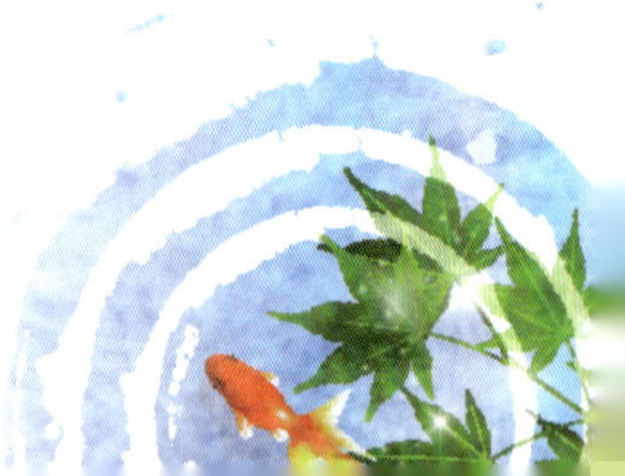

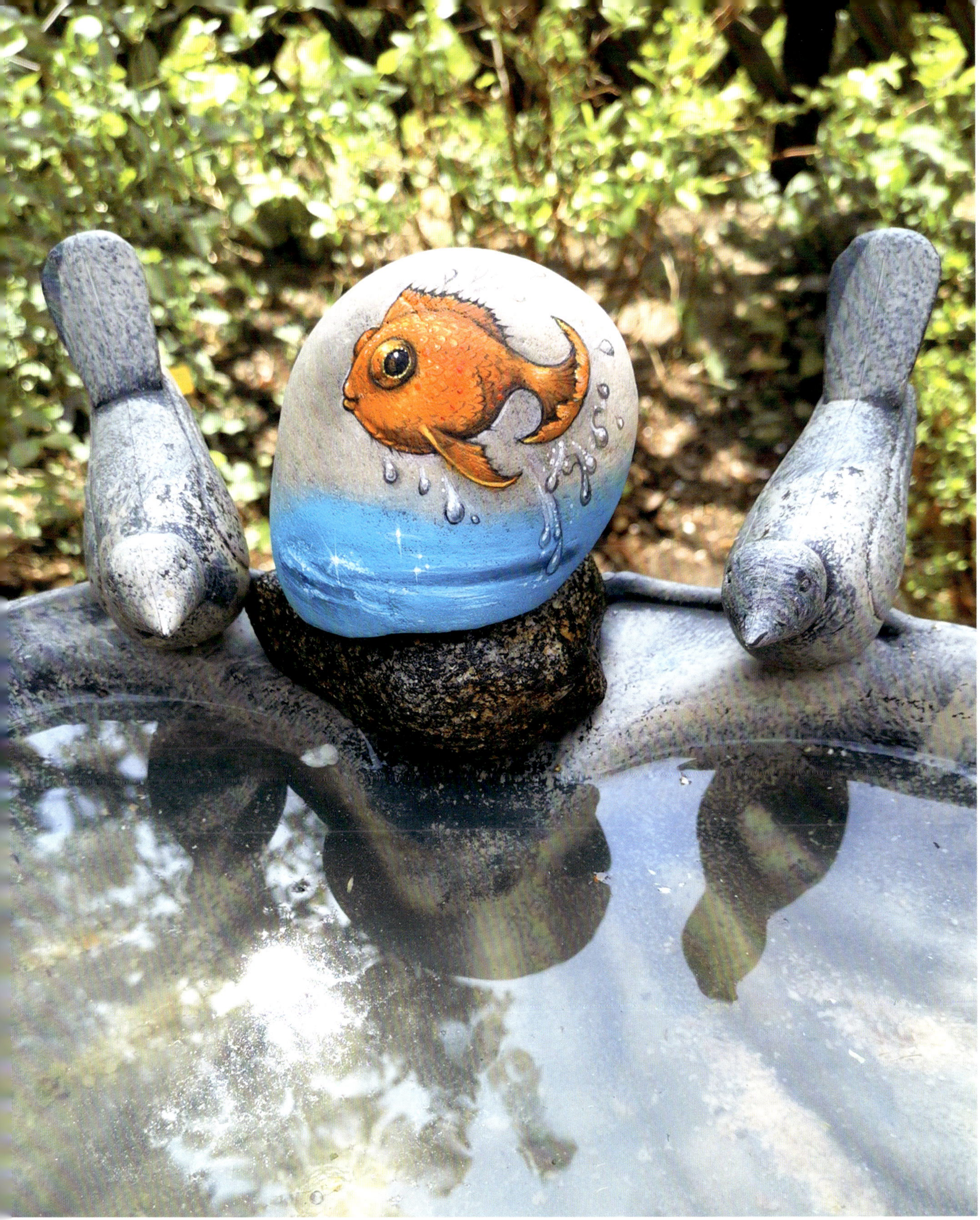

Los geht's

1

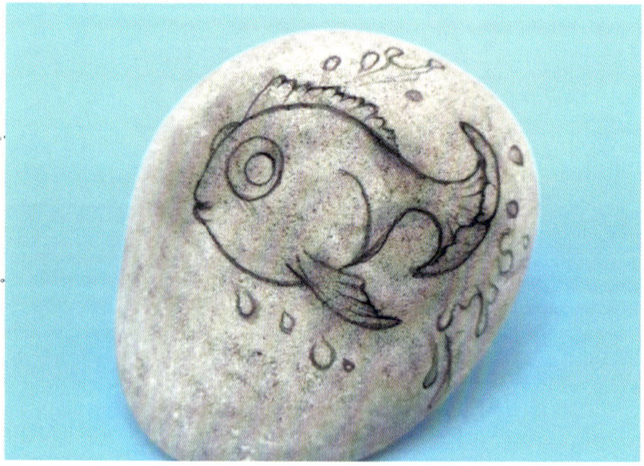

1 Die Hälfte des Steins bleibt naturbelassen. Wenn du deinem Stein einen anderen Hintergrund geben möchtest, dann vor der Vorzeichnung mit Bleistift.

2

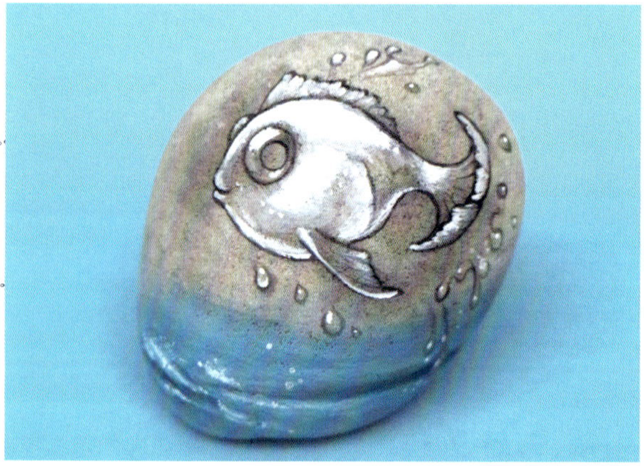

2 Weiß in unterschiedlicher Abstufung unterstützt die Rundung des Fisches. Dickere Punkte können dazukommen, mit etwa einer halben Stunde Wartezeit zum Trocknen. Die blaue Farbe für das Wasser wird um den kompletten Stein gemalt.

3

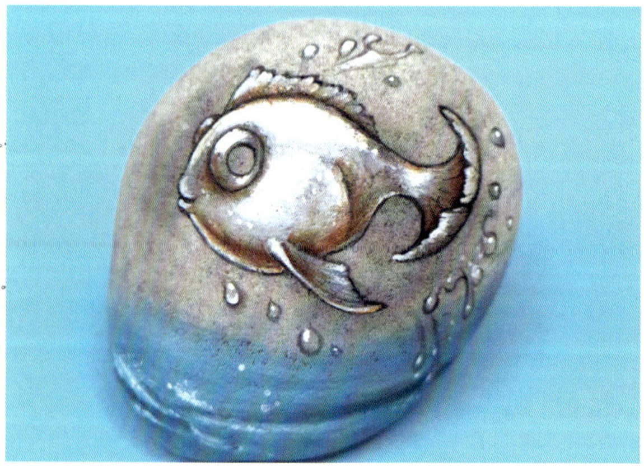

3 Den lasierenden Braunton habe ich für die Schattenseiten gewählt. Eine Alternative ist, deckendes Braun mit Wasser zu verdünnen.

4 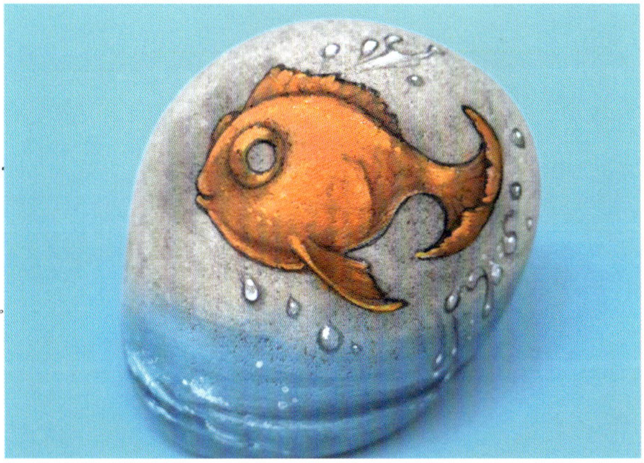

4 Wenn du jetzt die orange Farbe darüberstreichst, entstehen sofort viele verschiedene Farbtöne.

5 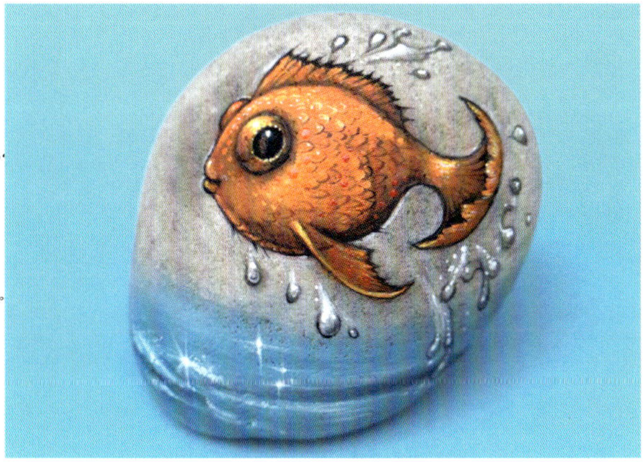

5 Mit dem schwarzen Auge und dem weißen Pünktchen darin kommt richtig Leben ins Spiel. Noch schwarze Spitzen an die Flossen und ein paar Lichtreflexionen in die Wassertropfen und schon bist du fertig mit deinem mutigen Fischlein.

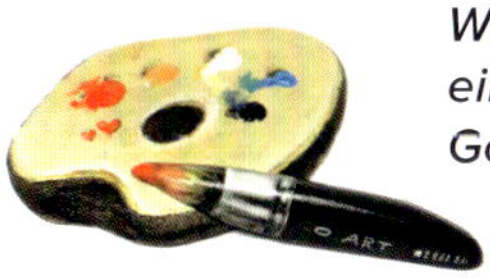

TIPP

Wenn dein Goldfisch fertig ist, kannst du ihm ein dekoratives Zuhause in einem typischen Goldfischglas einrichten.

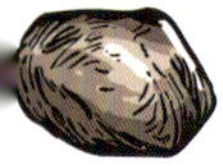

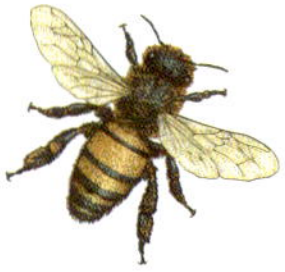

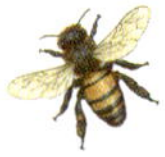

Biene

HINGABE

Wenn du die Biene entstehen lassen möchtest, brauchst du ein helles und ein dunkles Blau, außerdem Weiß, Schwarz, Gelb und einen Braunton, am besten einen lasierenden, sowie eine winzige Menge Rot.

DIE BIENE KÜMMERT SICH UM DAS WOHL IHRES VOLKES. SIE LEBT FÜR DIE GEMEINSCHAFT UND IST MIT IHRER MÜTZE AUCH BEI KALTEM WETTER BESTENS AUSGESTATTET.

WUNSCH

Ich will die Biene in mir mit Honig füttern.

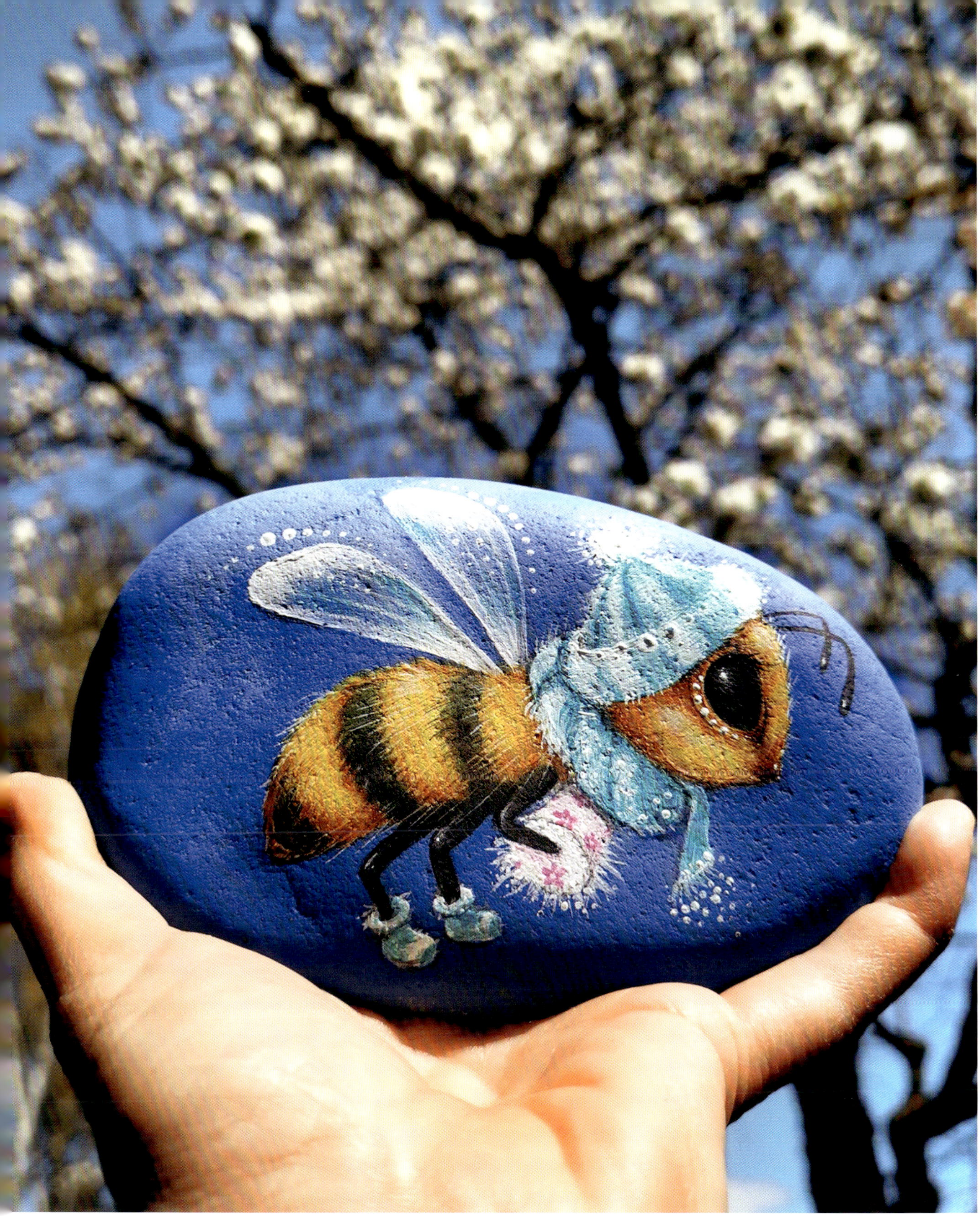

Los geht's

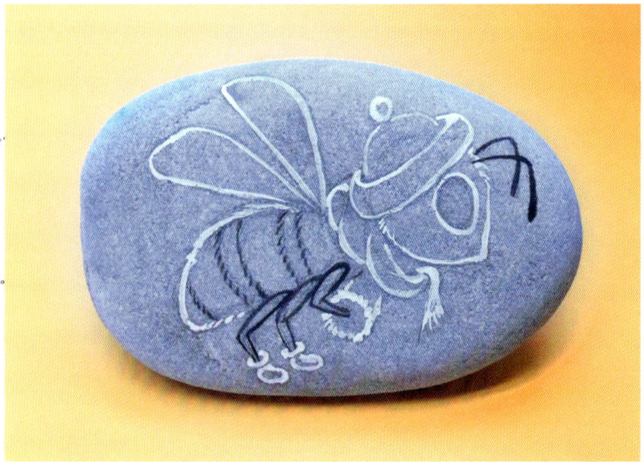

1 Die Vorzeichnung habe ich ausnahmsweise mal mit Schwarz und Weiß gestaltet. Du kannst natürlich einen Bleistift nehmen, und auch die Fühler kannst du noch weglassen, weil sie beim Malen des Hintergrundes sowieso gleich verschwinden.

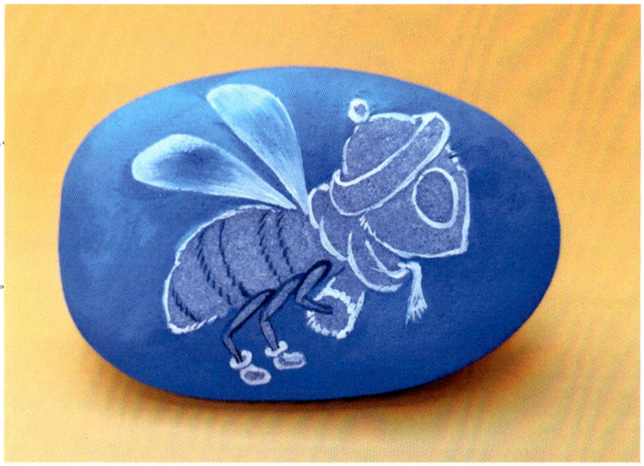

2 Mit einem mittleren Blau habe ich den Hintergrund angelegt, und diesmal hat nur eine Farbschicht schon ausgereicht. Damit die Flügel transparent wirken, kommt dort auch der mittlere Blauton dazu, und Weiß darf natürlich auch nicht fehlen.

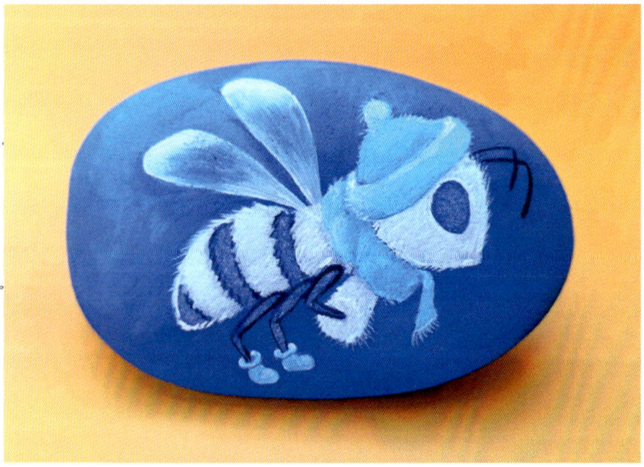

3 Alle späteren Teile der Biene, die gelb werden sollen, brauchen vorher zwei Schichten Weiß, und der Muff sieht anschließend ein bisschen wie ein Marshmallow aus. Mütze, Schal und Schühchen habe ich mit einem helleren Blau gemalt. Wer nur einen blauen Farbton hat, kann eine winzige Menge Gelb hinzufügen. Dann ändert sich der Blauton und wird ein wenig türkis.

4

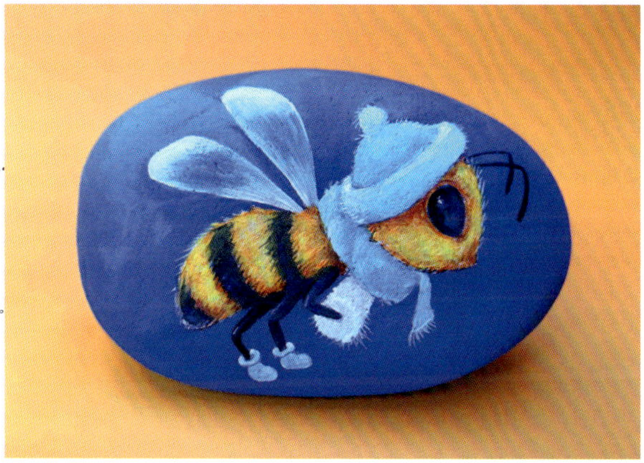

4 Die Farbabstufungen der gelben Farbe lassen sich ganz wunderbar mit einem lasierenden Braunton gestalten. Ebenso die Übergänge zwischen Schwarz und Gelb.

5

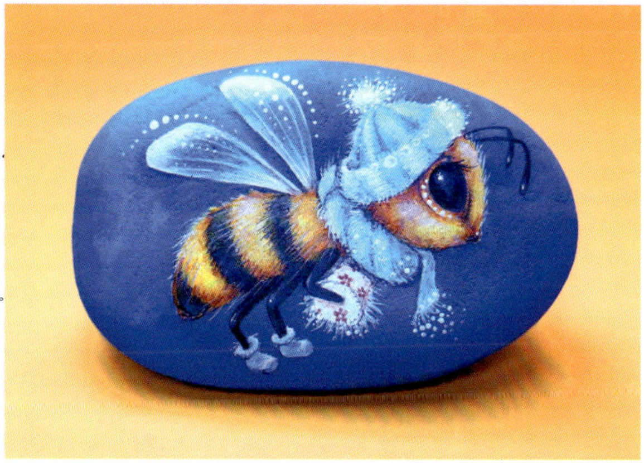

5 Noch ein wenig rote Farbe mit etwas Weiß gemischt, und du bekommst ein Rosa für die kleinen Blümchen auf dem Muff. Die größeren Punkte sind mit einem Pinselstiel entstanden und die kleinen wieder mit dem Zahnstocher. Schon ist deine Biene abflugbereit.

TIPP

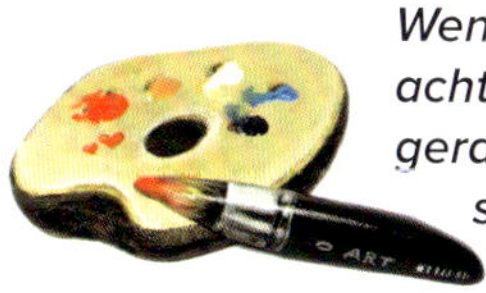

Wenn du einen Stein für deine Biene wählst, achte darauf, dass du eine möglichst große, gerade Fläche hast. Denn krumme Flügel sehen leicht unglücklich aus.

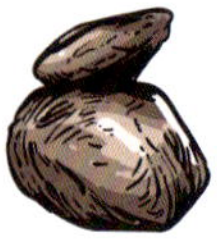

Häuschen

GEBORGENHEIT

Hier wirst du jetzt viele verschiedene Farben brauchen und ein bisschen Geduld. Nimm dein Weiß und Schwarz, viel Grün, Braun und Ocker. Gelb, Rot und Blau dürfen auch nicht fehlen.

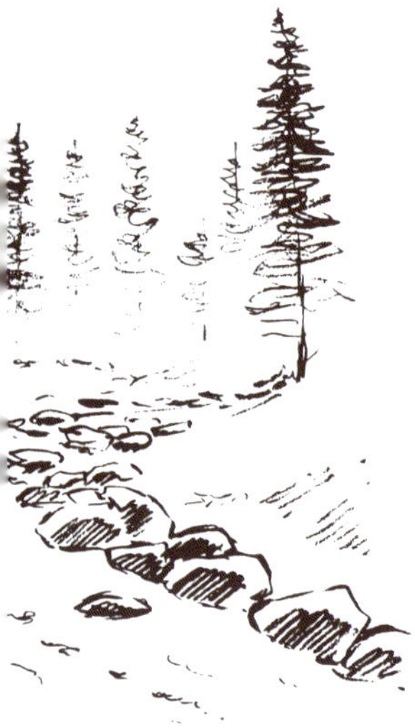

DIE NATUR BIETET JEDEM TIER SEINEN PLATZ, AN DEM ES GEBORGEN IST. ALLES IST VORHANDEN, UND FÜR JEDEN IST GUT GESORGT, IM KLEINEN, WIE IM GROSSEN.

WUNSCH

Ich wünsche allen ein tiefes Gefühl von Geborgenheit.

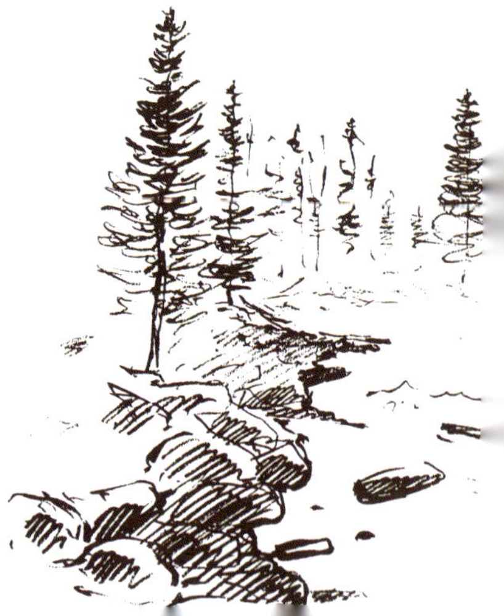

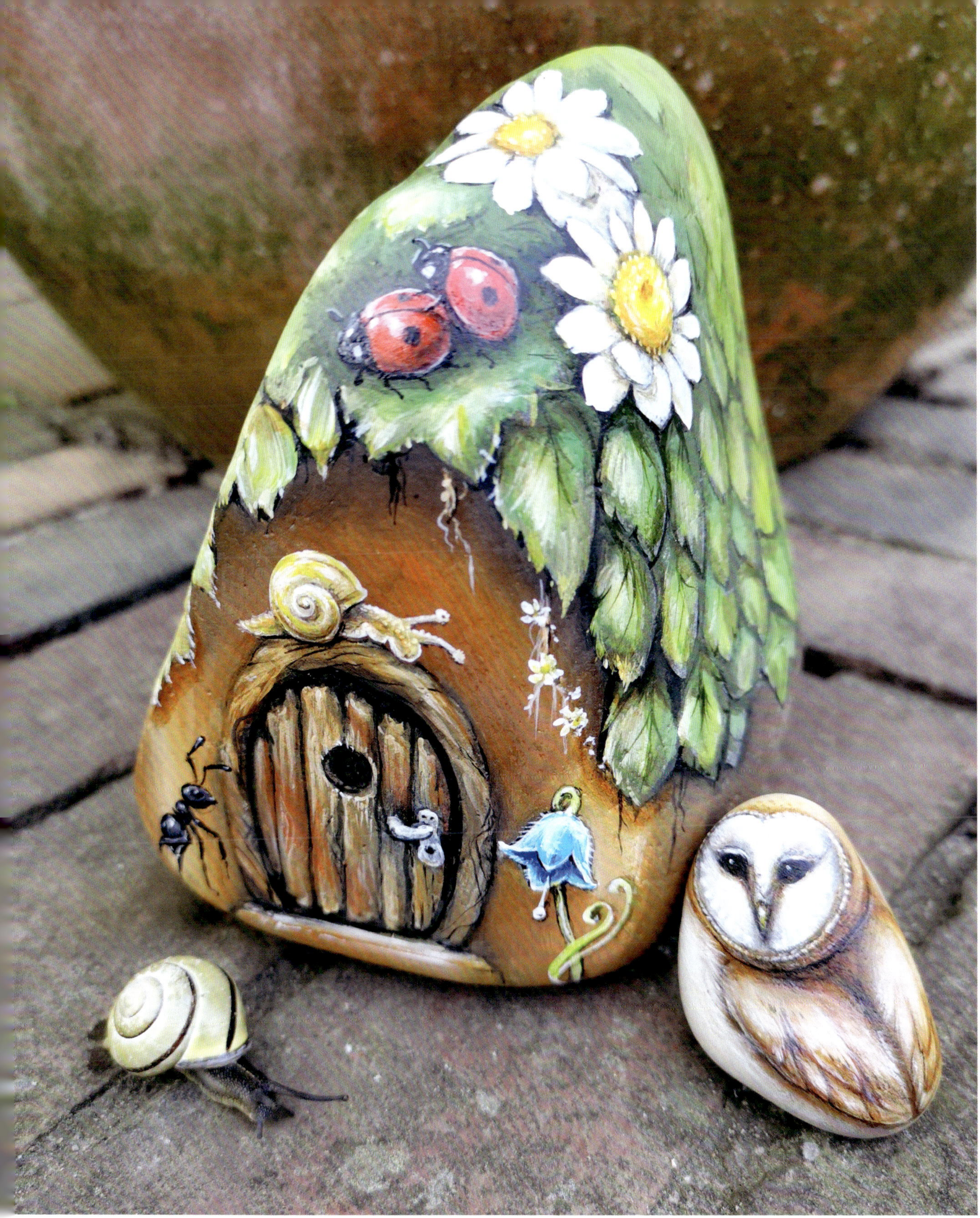

Los geht's

1 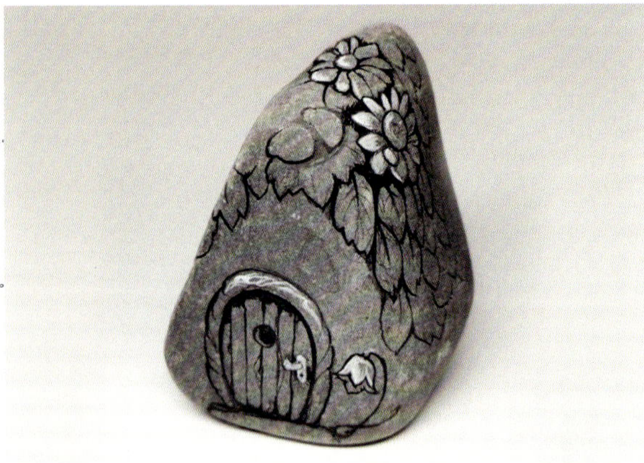

1 Damit du dich besser orientieren kannst, habe ich die Anzeichnung mit Schwarz und Weiß gestaltet. Du kannst natürlich wieder einen Bleistift für die Anzeichnung nehmen.

2 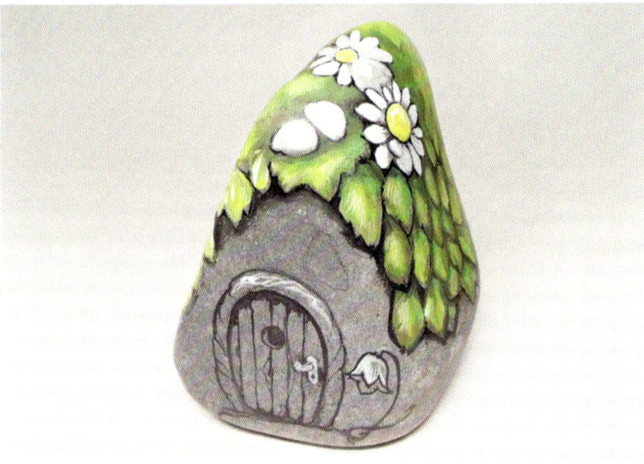

2 Lieber gleich die weiße Farbe in die Blumen und die Käfer streichen und dann viele grüne Blätter malen. Mit Gelb bekommen diese gleich ein wenig Rundung. Die weißen Blumen brauchen bestimmt noch ein, zwei Schichten Farbe.

3 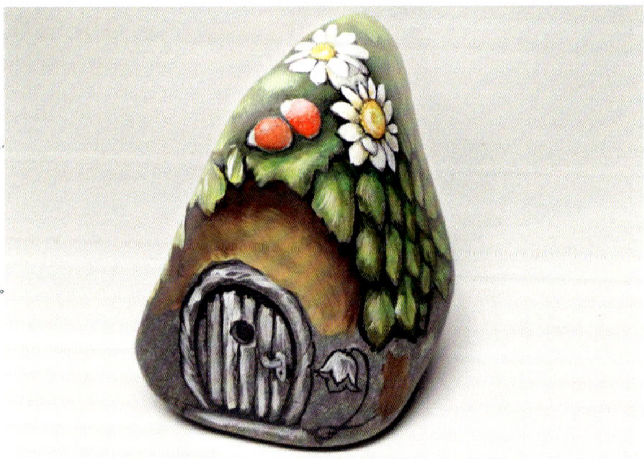

3 Unter den Blättern kannst du den Braunton schön dunkel machen und etwas Schwarz dazunehmen. Jetzt wirkt dein Häuschen wie ein Lehmhaus.

4

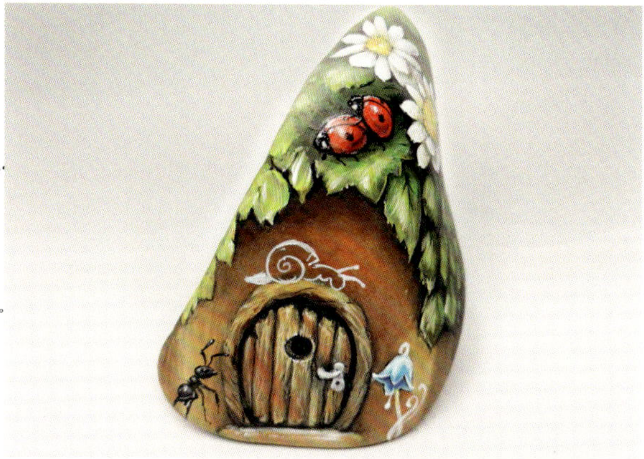

4 Nun sind die Krabbeltierchen dran. Für die Ameise habe ich nur Schwarz mit etwas Weiß gebraucht und für die Schnecke erstmal nur Weiß.

5

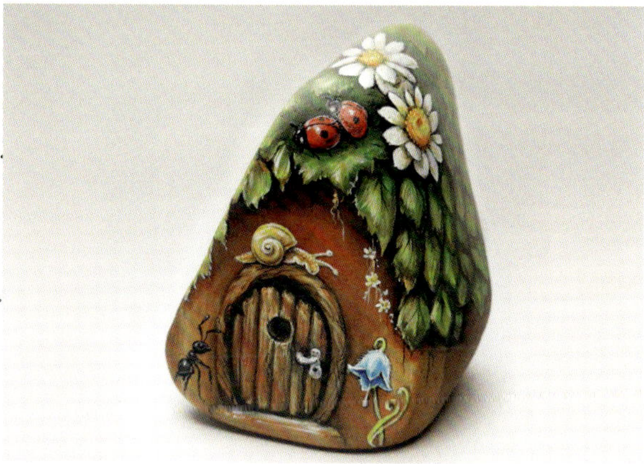

5 So nach und nach sind immer mehr Farbschichten und Lichtreflexionen dazugekommen. Die Tür hat durch Schwarz und Weiß eine Holzmaserung erhalten und anschließend ein lasierendes Braun. Fertig ist das Häuschen mit den kleinen Bewohnern.

TIPP

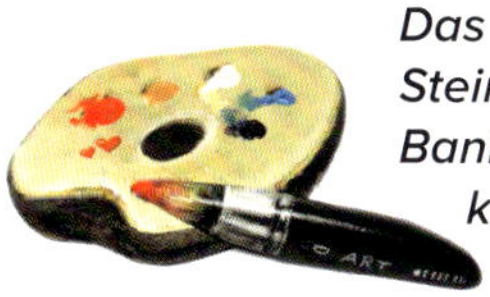

Das Haus wird gemütlicher, wenn kleinere Steine sich dazugesellen, zum Beispiel als Bank, Tisch oder Blumentopf. Auch weitere kleine Tiere verleihen dem Ganzen ein idyllisches Bild.

Feder

LEICHTIGKEIT

Hier sind es nur ein paar wenige Farben, die du brauchst: Weiß, Ocker und Schwarz. Auch der ganz feine Pinsel wird dringend benötigt.

DIE FEDER DARF MICH AN MEINE LEICHTIGKEIT ERINNERN, WENN MIR ETWAS SCHWERFÄLLT. ZUM BEISPIEL DEN GEDANKEN „DAS KANN ICH NICHT" DEM UNIVERSUM ZU SCHENKEN UND DAFÜR EIN LIEBEVOLLES „DAS KANN ICH NOCH NICHT" EINZULADEN.

WUNSCH

Ich möchte mich an meine Gelassenheit erinnern, denn damit geht alles leichter.

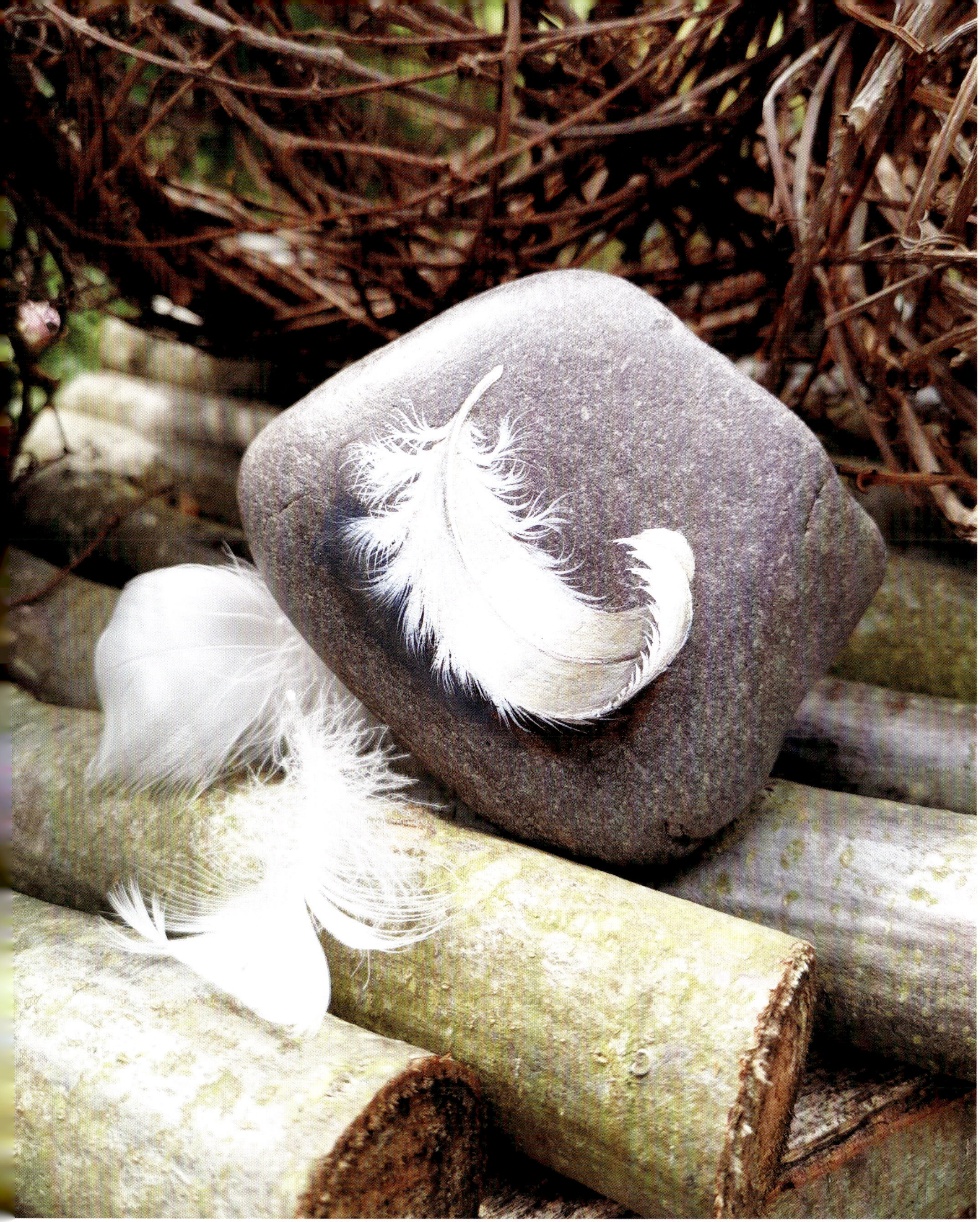

Los geht's

1

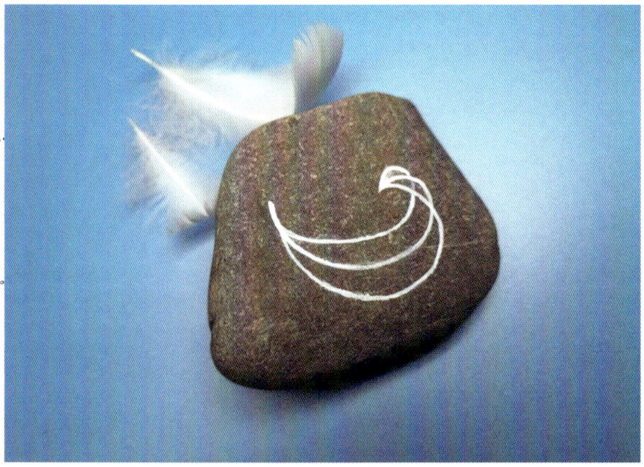

1 Die Feder beginnt mit viel Schwung für eine schöne Rundung. Die Linie in der Mitte solltest du als Erstes zeichnen und dann die beiden anderen. Du kannst auch vorher ein paar Übungen auf Papier machen. Nach einigen Versuchen wirst du merken, dass es immer leichter und schöner wird.

2

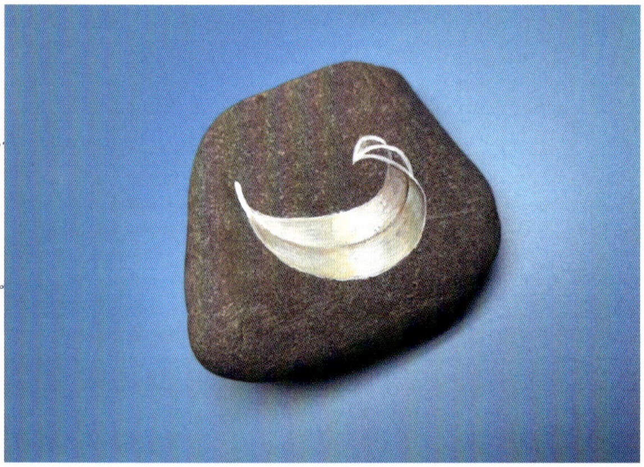

2 Jetzt kommen weiße Schichten, die du mit Braun und Ocker abmischen solltest. Bitte kein Schwarz dafür verwenden, sonst hast du statt einer weißen Feder eine graue.

3

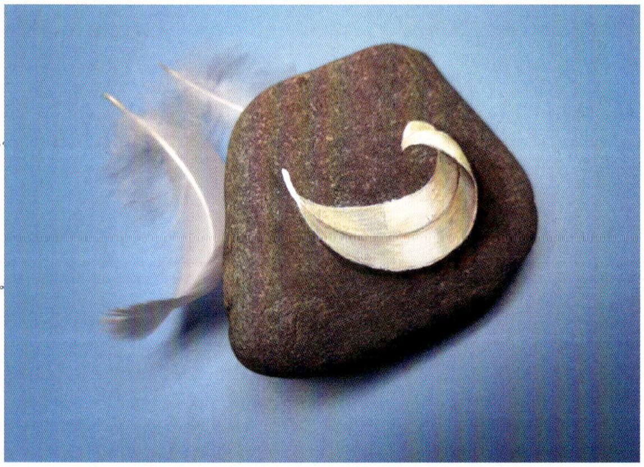

3 Nun ist schon der Schatten dran, der mit viel Wasser und ein wenig Schwarz angelegt wird. Da ein nasser Stein immer viel dunkler ist als ein trockener, ist das ein bisschen schwierig. Wenn du also zu wenig Schwarz genommen hast, kannst du den Vorgang einfach wiederholen. Aber Vorsicht, nicht zu viel Schwarz verwenden.

4 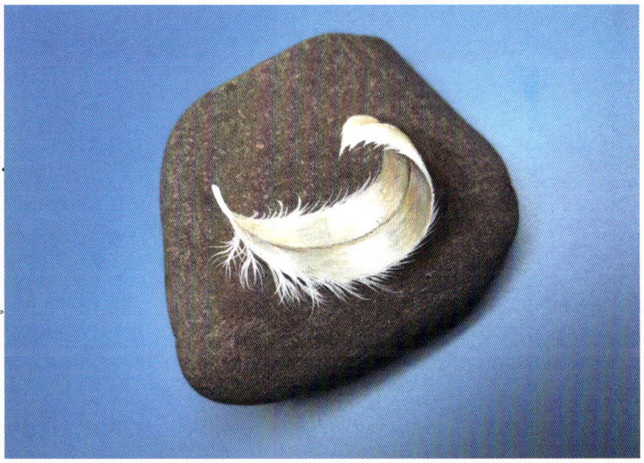

4 Jetzt ist natürlich der feinste Pinsel dran, der das Flauschige der Feder entstehen lässt. Hier lohnt es sich sehr, einen wirklich glatten Stein auszuwählen.

5 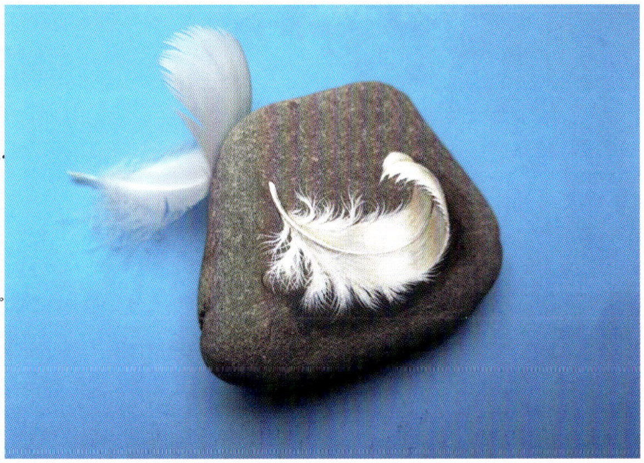

5 Die Spitze der Feder habe ich noch ein wenig verlängert, und die feinen Linien dürfen sich auch leicht kreuzen. Du wirst merken, dass dieses Motiv jedes Mal anders wird und unglaublich dekorativ ist. Feine Linien Malen ist reine Übungssache, daher gib deiner Hand geduldig Zeit zum Lernen.

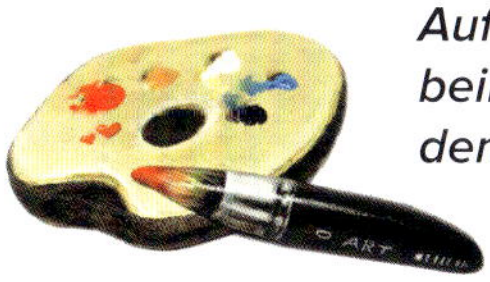

TIPP

Auf meinem YouTube-Kanal kannst du mir beim Federnmalen zuschauen. Folge dazu dem QR-Code im Vorwort.

Schwan

LIEBE

Für dieses Motiv wirst du viel Weiß brauchen und wenn du auch die dicken Punkte möchtest, den Acryllack in Weiß. Zusätzlich werden Ocker, Braun, Schwarz, Orange und Gold benötigt.

DER SCHWAN STEHT FÜR DIE LIEBE VON MUTTER UND KIND, UND DIE KRONE IST FÜR MICH DAS SYMBOL FÜR DIE GÖTTLICHE LIEBE, DIE IN ALLEM STECKT.

WUNSCH

Wir sind alle göttliche Wesen, und ich wünsche jedem die Erfahrung, dass die Liebe frei und grenzenlos ist.

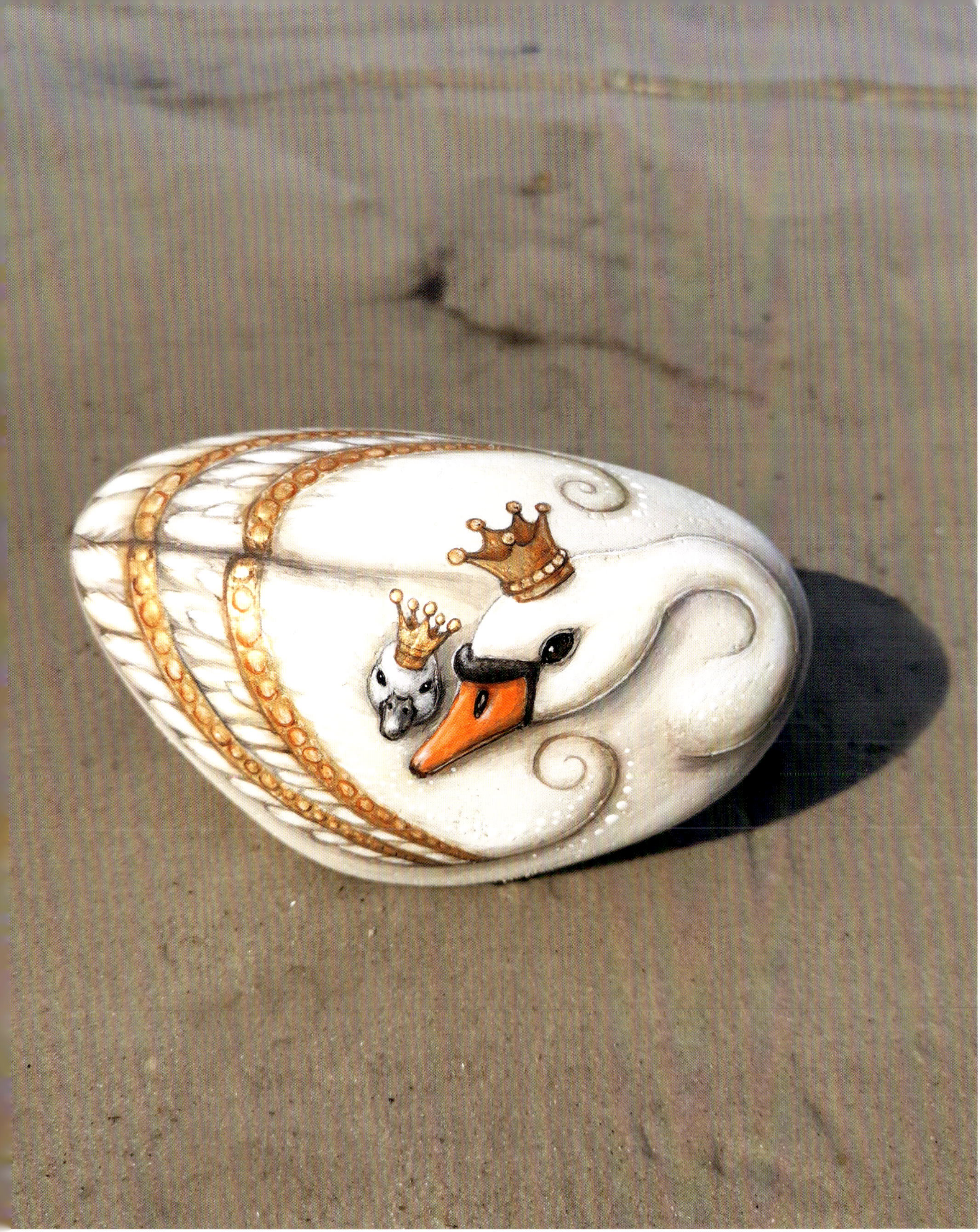

Los geht's

1

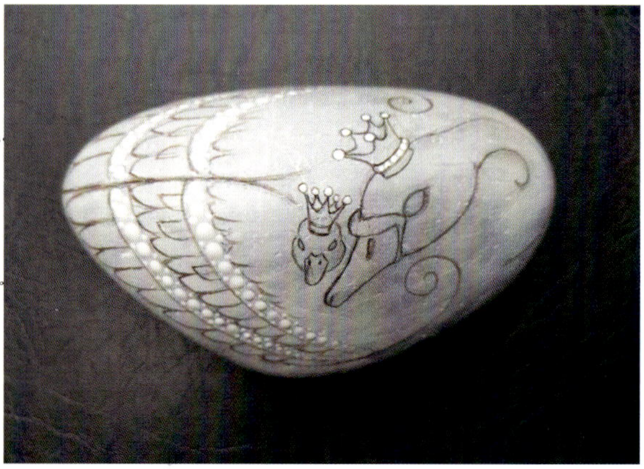

1 Ich würde jedem Stein, der ein Schwan werden möchte, als Erstes einen oder zwei weiße Anstriche verpassen. Danach folgen die Vorzeichnung mit Bleistift und die dicken Punkte mit dem Lack. Dann zwei bis drei Stunden warten.

2

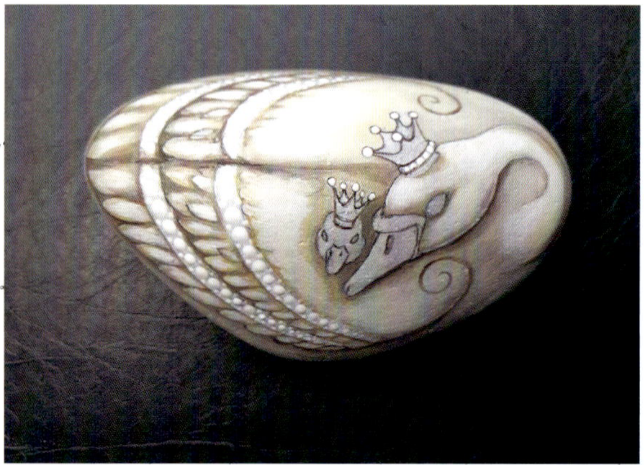

2 Mit Weiß, Ocker und Braun entstehen die Federn. Bitte kein Schwarz dazu verwenden, sonst wirken die weißen Federn nur grau.

3

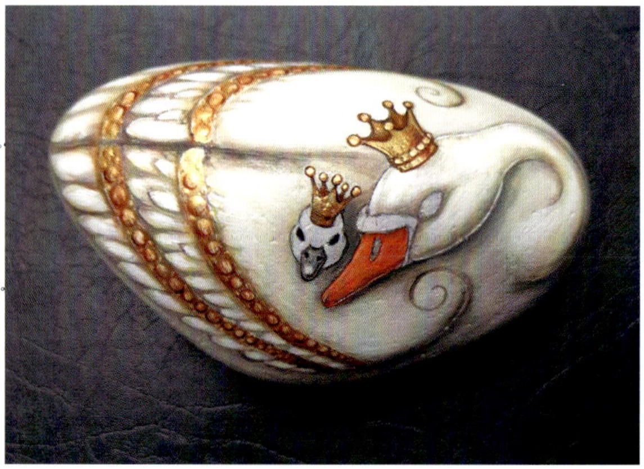

3 Die goldene Farbe glänzt jetzt schön, weil die dicken Punkte darunter sind. Die Punkte am Ende der Krone sind auch sehr vorteilhaft.

4
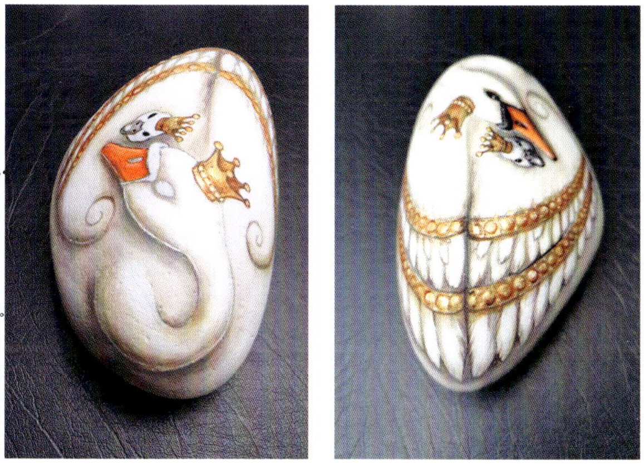

4 Aus einem anderen Blickwinkel kommt der Schwung des Schwanenhalses besonders zur Geltung. Diese Perspektive hilft dir hoffentlich auch bei den Flügeln weiter.

5
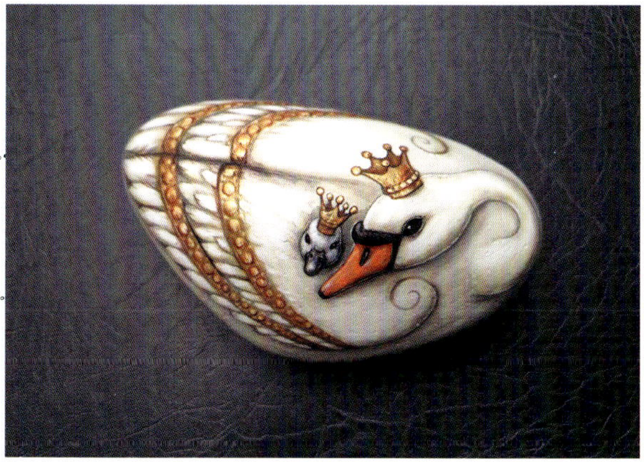

5 Die Ränder der goldenen Farbe sind noch mit lasierendem Braun verschönert worden. Den Schatten um die beiden Köpfe habe ich vertieft.

6
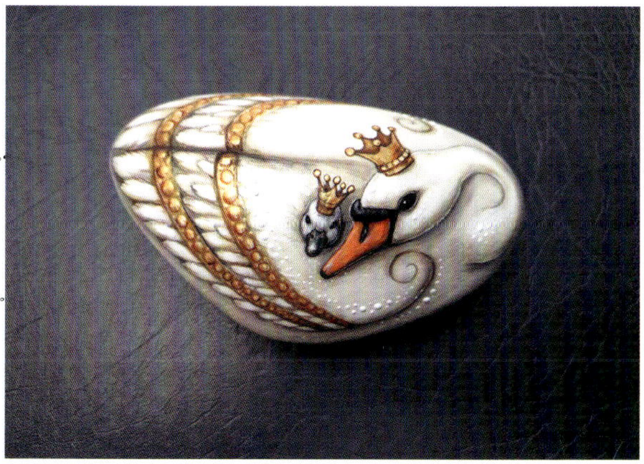

6 Zum krönenden Abschluss habe ich weiße Punkte mit meinem Pinselstiel dazugegeben. Mein Stein hat eine Länge von 15 cm. Wenn dein Stein kleiner ist, empfehle ich dir, nur ein goldenes Band auf die Flügel zu setzen.

TIPP

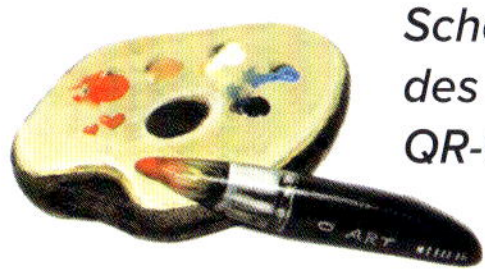

Schau mir auf YouTube beim Malen des Schwans zu. Folge dazu dem QR-Code im Vorwort.

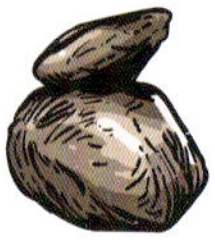

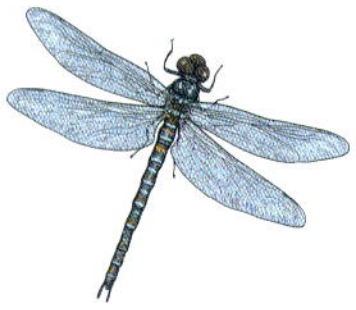

Libelle

GELASSENHEIT

Bei diesem Motiv brauchst du einen Stein mit einer großen Fläche, damit die Libelle etwa 9 cm lang werden kann. Dazu kommen die Farben Schwarz, Braun und Weiß, Türkis und Gelbgrün.

LIBELLEN SAUSEN IM SOMMER DURCH UNSEREN GARTEN. WENN ICH RUHIG AUF DER GARTENLIEGE LESE, WERDEN MEINE ANGEZOGENEN KNIE GERNE ALS LIBELLENRUHEPLATZ AUFGESUCHT. ENTZÜCKT WANDERT MEINE AUFMERKSAMKEIT AUF MEIN GESCHMÜCKTES KNIE. ICH WERDE SONST NICHT GERNE BEIM LESEN GESTÖRT, ABER DIE LIBELLE DARF DAS.

WUNSCH

Ich möchte jedem so liebevoll begegnen wie dieser Libelle.

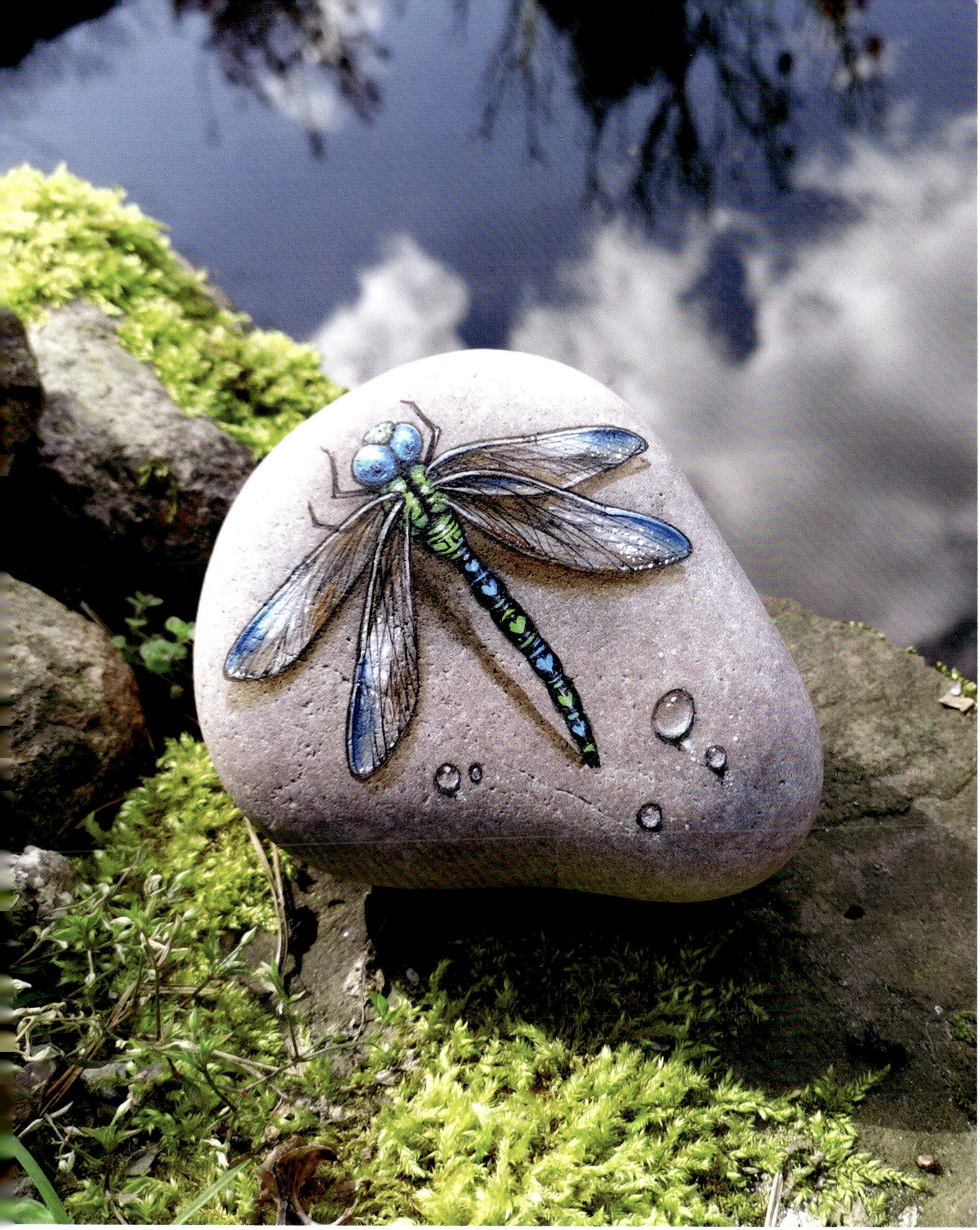

Los geht's

1
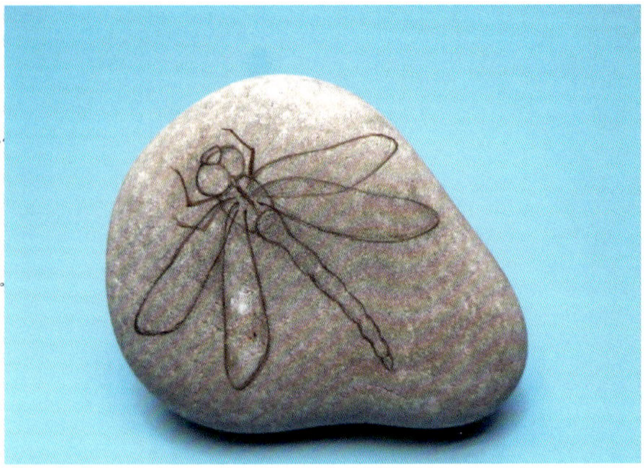

1 Du beginnst mit einem Bleistift auf einem großen Stein, damit deine Libelle etwa 9cm lang werden kann.

2
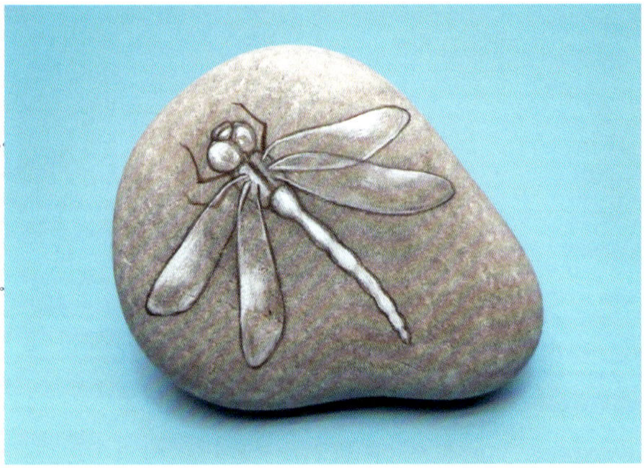

2 Dann mit Weiß den Körper bedecken und ein wenig davon in die Flügel geben.

3
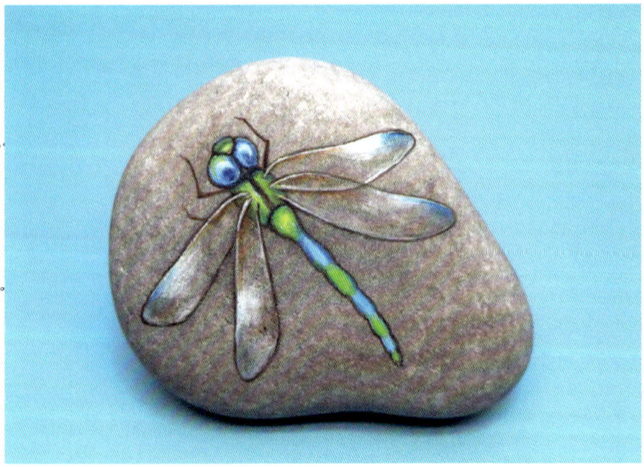

3 Darüber kommt dann das Türkis und Gelbgrün. Wenn du kein Türkis hast, kannst du ein bisschen Gelb in deine blaue Farbe mischen. Auch bei dunklerem Grün kann man Gelb dazugeben.

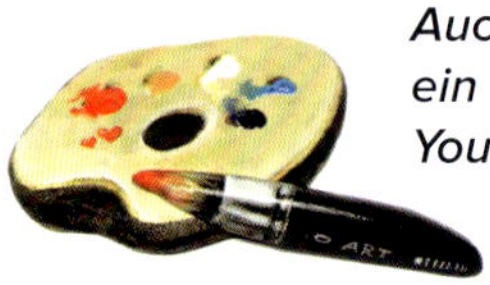

TIPP

Auch für die Libelle gibt es von mir ein Video. Schau doch auf meinem YouTube-Kanal nach!

4
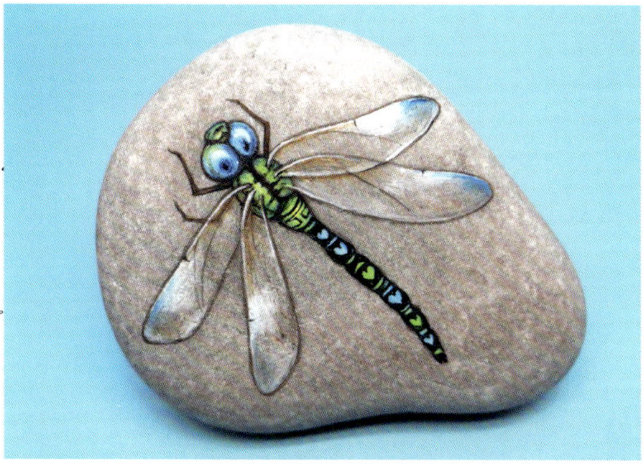

4 Mit der schwarzen Farbe entsteht jetzt das Muster der Libelle, und die Geübteren von euch können sich an die kleinen Herzchen im Muster wagen. Die sind natürlich künstlerische Freiheit. Kleine Buchstaben wären bestimmt auch sehr cool. Aber noch ein bisschen schwerer.

5
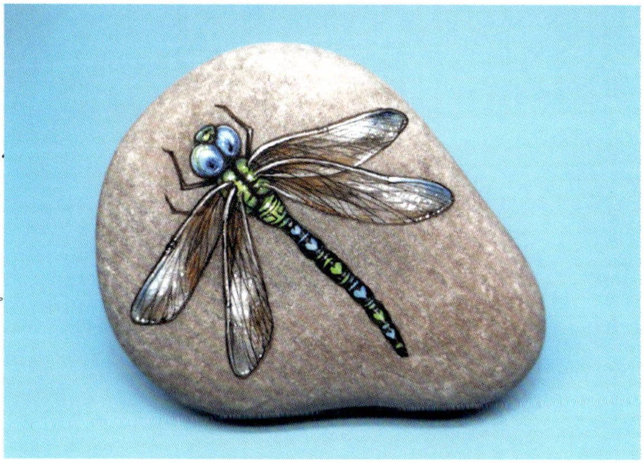

5 Viele zarte Linien sind auf dem Flügel dazugekommen. Wem das nicht so gut gelingt, der kann die Dekoration auch mit mehr Pünktchen gestalten.

6
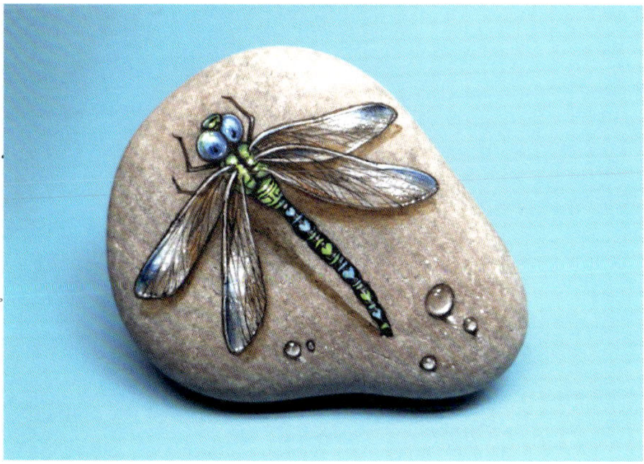

6 Durch den mit Wasser und Schwarz gemalten Schatten erhebt sich die Libelle und durch kleine Wassertropfen entsteht eine schönere Gesamtkomposition. Den Schatten kannst du mit einem nassen Pinsel ohne Farbe in einem Übungsdurchgang probieren.

Mandalastein
RUHE

Für die Punkte empfehle ich immer Acryllack statt Acrylfarben. Die Farben, die ich hierfür verwendet habe, sind Weiß, Gelb, Orange und Braun.

DER MANDALASTEIN HAT SEINEN FOKUS IN DER MITTE, UND JEDER PUNKT IN DIESER „HEILIGEN GEOMETRIE" KANN DICH TIEFER IN EINEN MEDITATIVEN ZUSTAND BRINGEN.

DANK

Ich empfinde den tiefen und friedvollen Zustand, der sich beim Malen ausbreitet und beim Betrachten des fertigen Steins anhält.

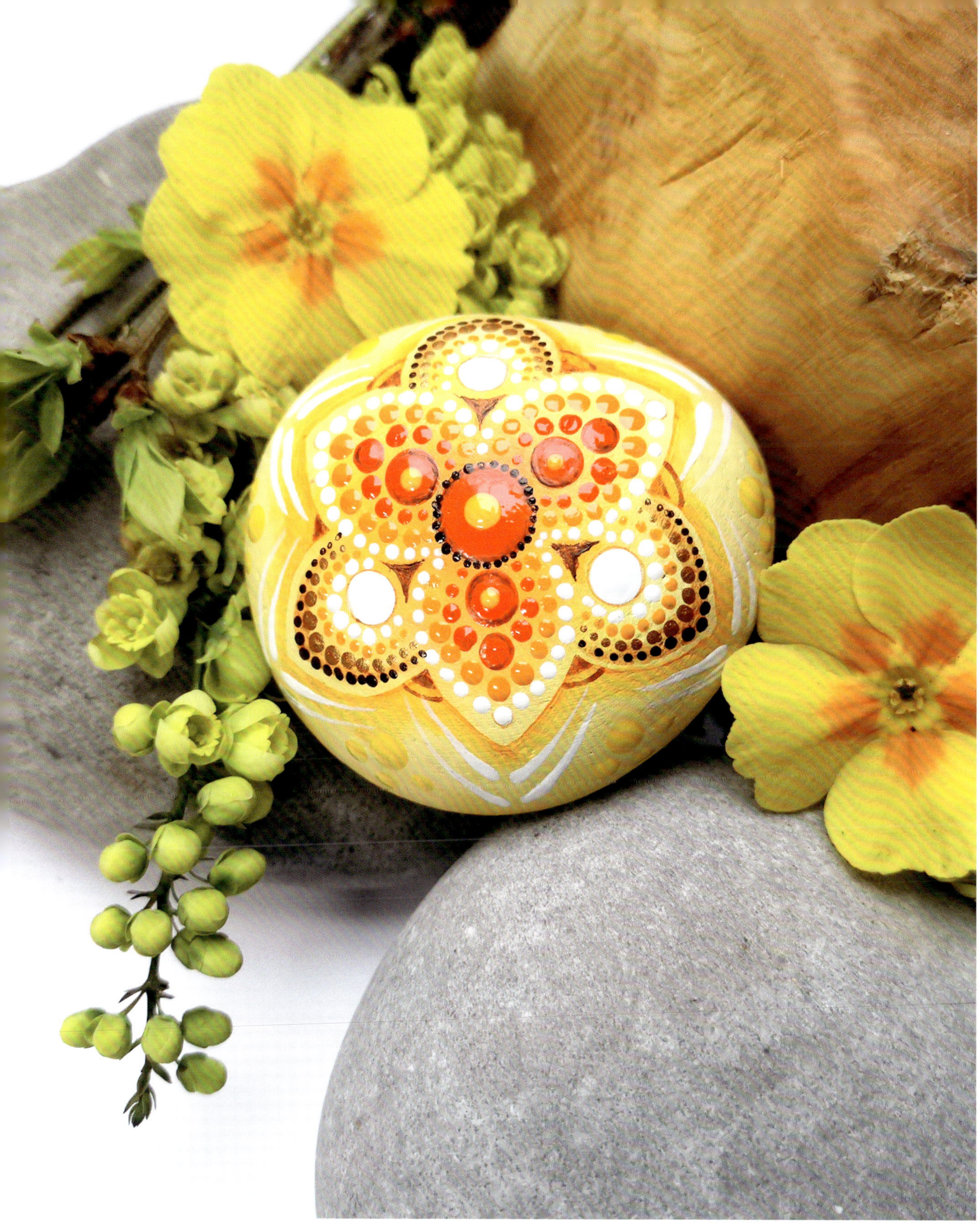

Los geht's

1

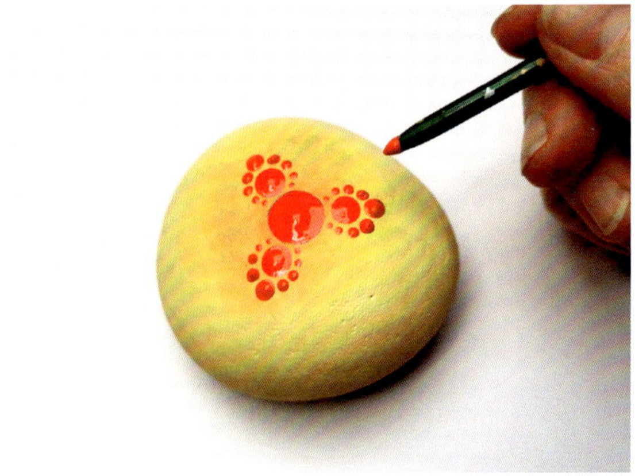

1 Mit deinem dicksten Pinselstiel kommt ein oranger Punkt in die Mitte. Diesen Mittelpunkt kannst du vorher auch mit dem Bleistift markieren, wenn du möchtest. Anschließend sind die drei großen Punkte für die Dreierteilung dran und mit der gleichen Farbe die kleinen Pünktchen außen herum. Die dickeren Punkte kommen zuerst.

2

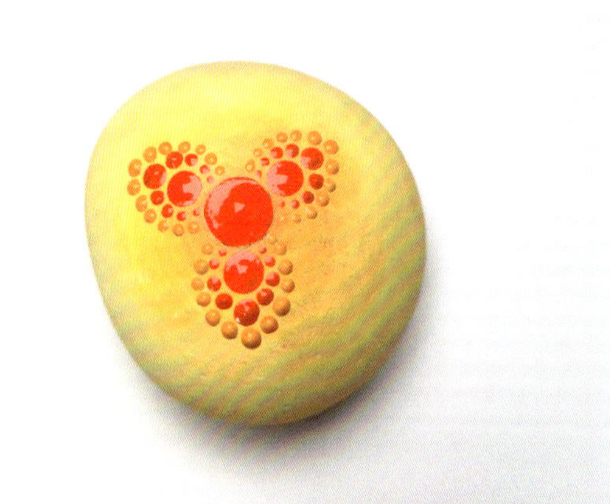

2 Für die anschließende Reihe habe ich etwas Gelb in meine orange Farbe gemischt.

3

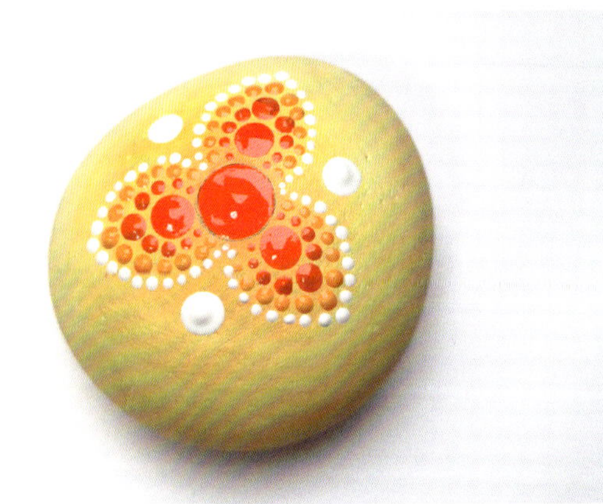

3 Als Nächstes kommen die drei dicken, weißen Punkte, und die vielen kleinen folgen. Nutze dafür wieder die Pinselstiele.

4

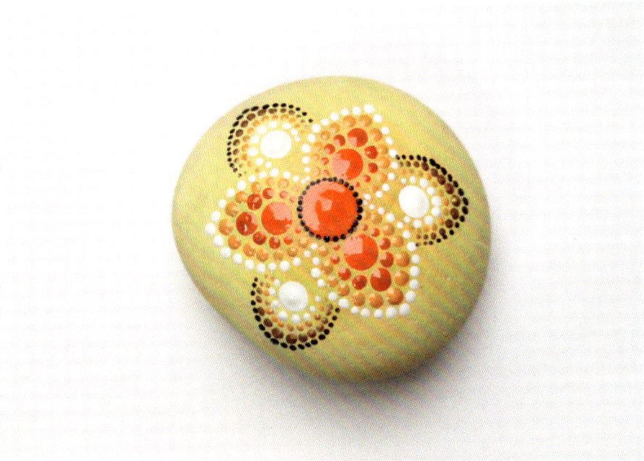

4 Der Punkt in der Mitte hat außen noch winzige braune Pünktchen mit dem Zahnstocher bekommen. Ein solches Mandalamuster baut sich am besten aus der Mitte heraus auf. Bei den braunen Punkten ist bei fast jeder Reihe der Farbton ein wenig dunkler angemischt.

5

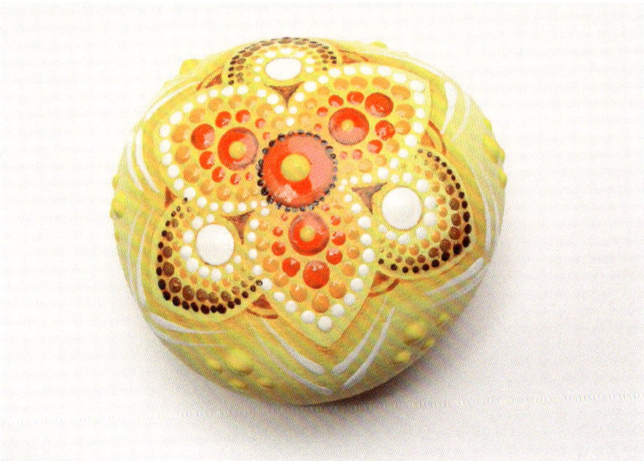

5 Jetzt hat mein Pinsel mit brauner Farbe kleine Dreiecke mit eingebaut und auch einen zarten Rand um die großen Punkte gezogen. Auf die vier dicksten Punkte ist noch ein kleiner gelber Klecks gesetzt worden. Zum Abschluss hat auch der Rand noch helle und dunkle Linien mit dem Pinsel bekommen.

TIPP

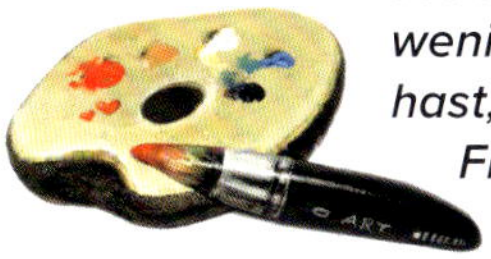

Jede Acrylfarbe und jeder Acryllack ist ein wenig anders. Wenn du Acrylfarben zu Hause hast, fülle diese in kleine Näpfchen oder Flaschendeckel und gib bei Bedarf Wasser dazu. Nimm dir eine dicke Pappe und übe vorher ein bisschen.

Engel SCHUTZ

Dieses Engelchen ist mit den Farben Weiß, Gelb, Orange, Ocker, Braun, Schwarz und Rot entstanden. Der Hintergrund ist mit einem mittleren Blauton gemalt.

ICH WOLLTE FLOTT EINE GRÜNE AMPEL ÜBERQUEREN UND FÜHLTE MICH PLÖTZLICH GESTOPPT, ALS OB MICH JEMAND FESTHALTEN WÜRDE. DA SAUSTE EIN AUTO SUPERSCHNELL VOR MIR ÜBER DIE STRASSE.

DANK

Ich bin behütet, und über mich wird gewacht, und ich bin so glücklich über diese Erfahrung.

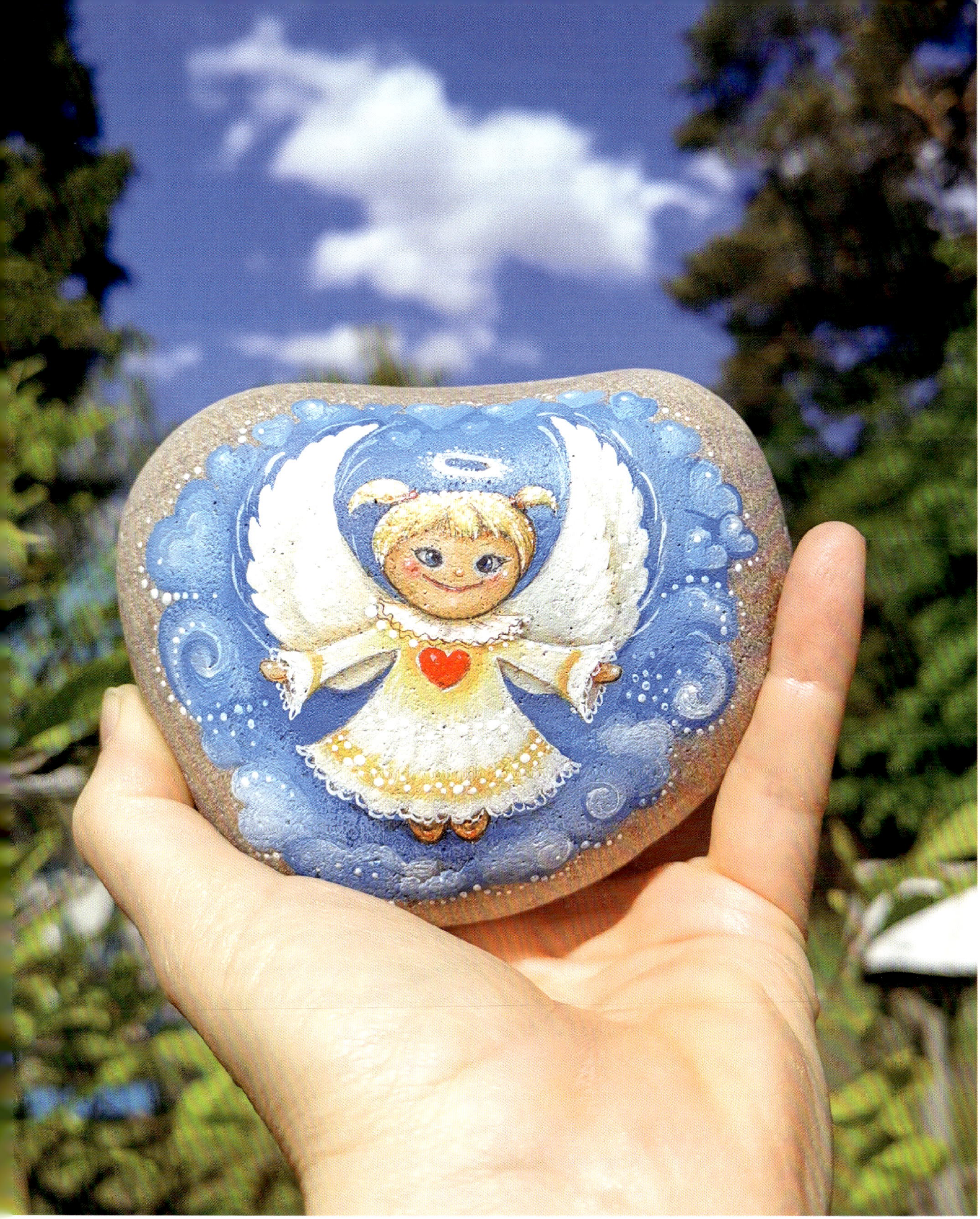

Los geht's

1

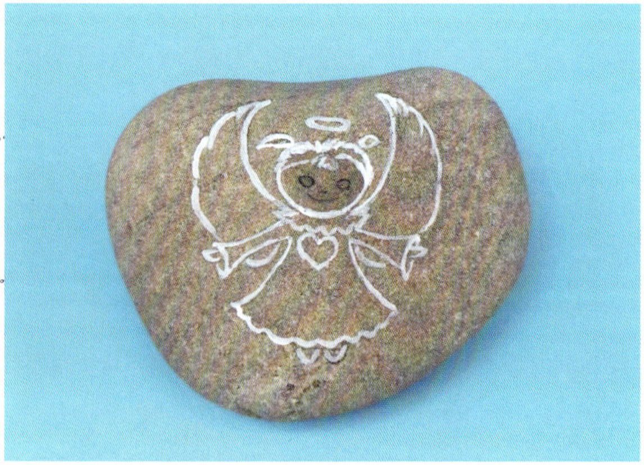

1 Da mein Engelchen ja ein helles Wesen werden sollte, habe ich die Vorzeichnung auch gleich in Weiß gewählt. Für das Gesicht fand ich die dunkle Farbe einfacher. Sieht ein bisschen komisch aus und ändert sich zum Glück gleich.

2

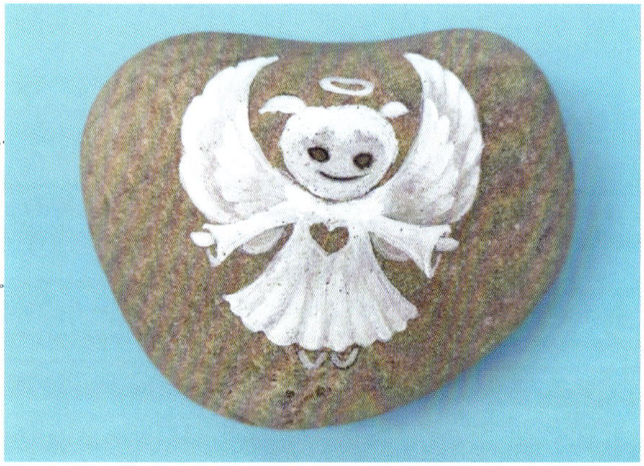

2 Jetzt brauchst du nur viel Weiß und keine andere Farbe. Dort, wo es am hellsten ist, sind die meisten Farbschichten übereinander. Auch das Muster der Flügel entsteht durch die Schichten automatisch.

3

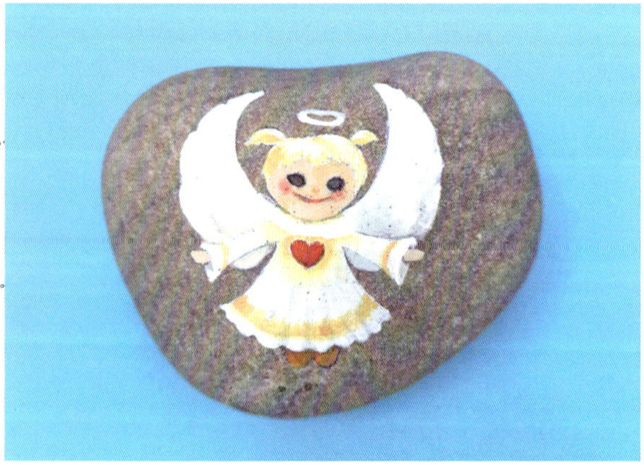

3 Gelb, Orange und Rot bringen den Engel zum Leuchten. Gemalte Hautfarbe, die nach Schweinchenrosa aussieht, gibt es häufig. Das lässt sich ändern. Weiß, Gelb, Orange und Ocker sind zum Anfang eine gute Basis, und jetzt traue dich, noch eine Pinselspitze Blau dazuzugeben. Da wirst du staunen, wenn du das zum ersten Mal machst.

4 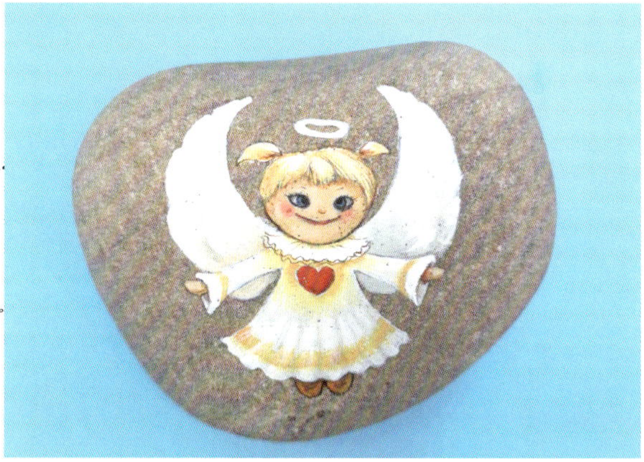

4 Mit blauen Augen und schwarzen Wimpern kann der Engel dir jetzt zuzwinkern. Die Haare haben feine braune Linien bekommen, und auch die übrigen Flächen sind mit neuen Farbschichten überzogen.

5 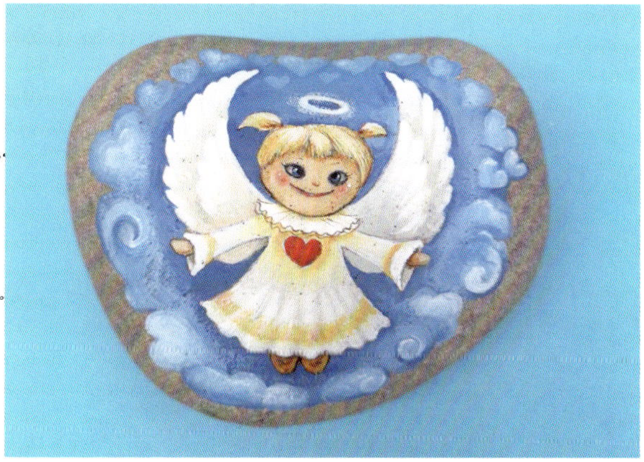

5 Der Engel kann jetzt in einem verspielten Hintergrund fliegen. Dazu waren zwei Schichten Blau und Weiß im Einsatz.

6 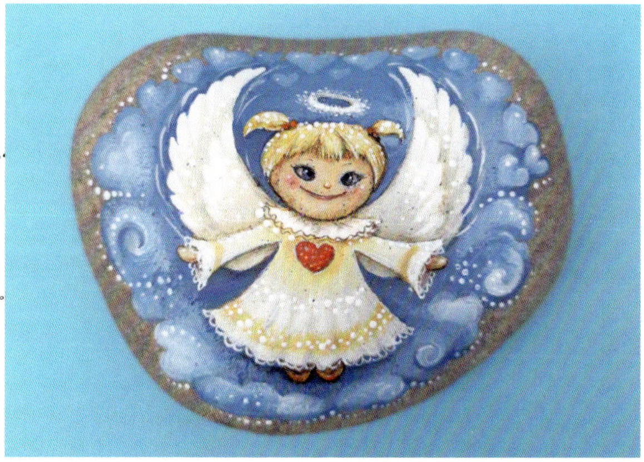

6 Mit zarten Verzierungen am Kleidchen und unzähligen Pünktchen kann der kleine Glücksbringer vollendet werden. Für den Himmel empfehle ich mehr blaue Punkte statt weiße.

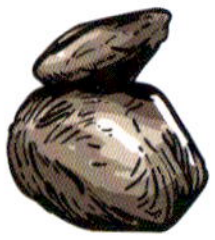

Panda

NATURSCHUTZ

Der Panda, oder auch Bambusbär, braucht nur die Farben Schwarz, Weiß, Ocker und Braun.

VOM PANDA GIBT ES NUR NOCH WENIGE EXEMPLARE AUF DIESER ERDE. DOCH DIESES TIER HAT ES GESCHAFFT, VIELE MENSCHEN ZU BEWEGEN, DAMIT SEINE ART NICHT AUSSTIRBT. DER PANDA IST EIN RICHTIGER HERZENSÖFFNER.

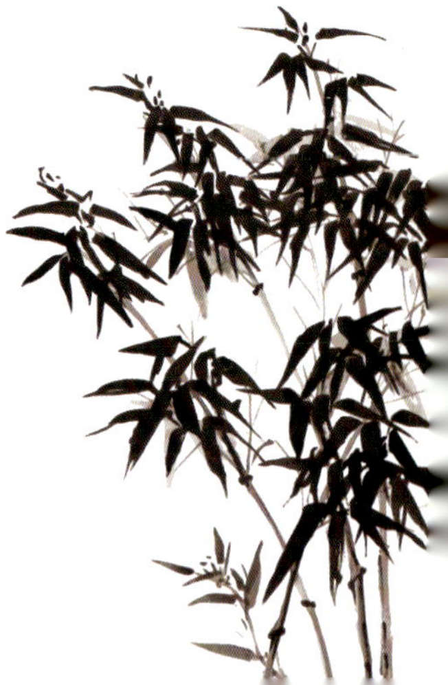

DANK

In Dankbarkeit denke ich an die schützenswerte Vielfalt unserer Flora und Fauna.

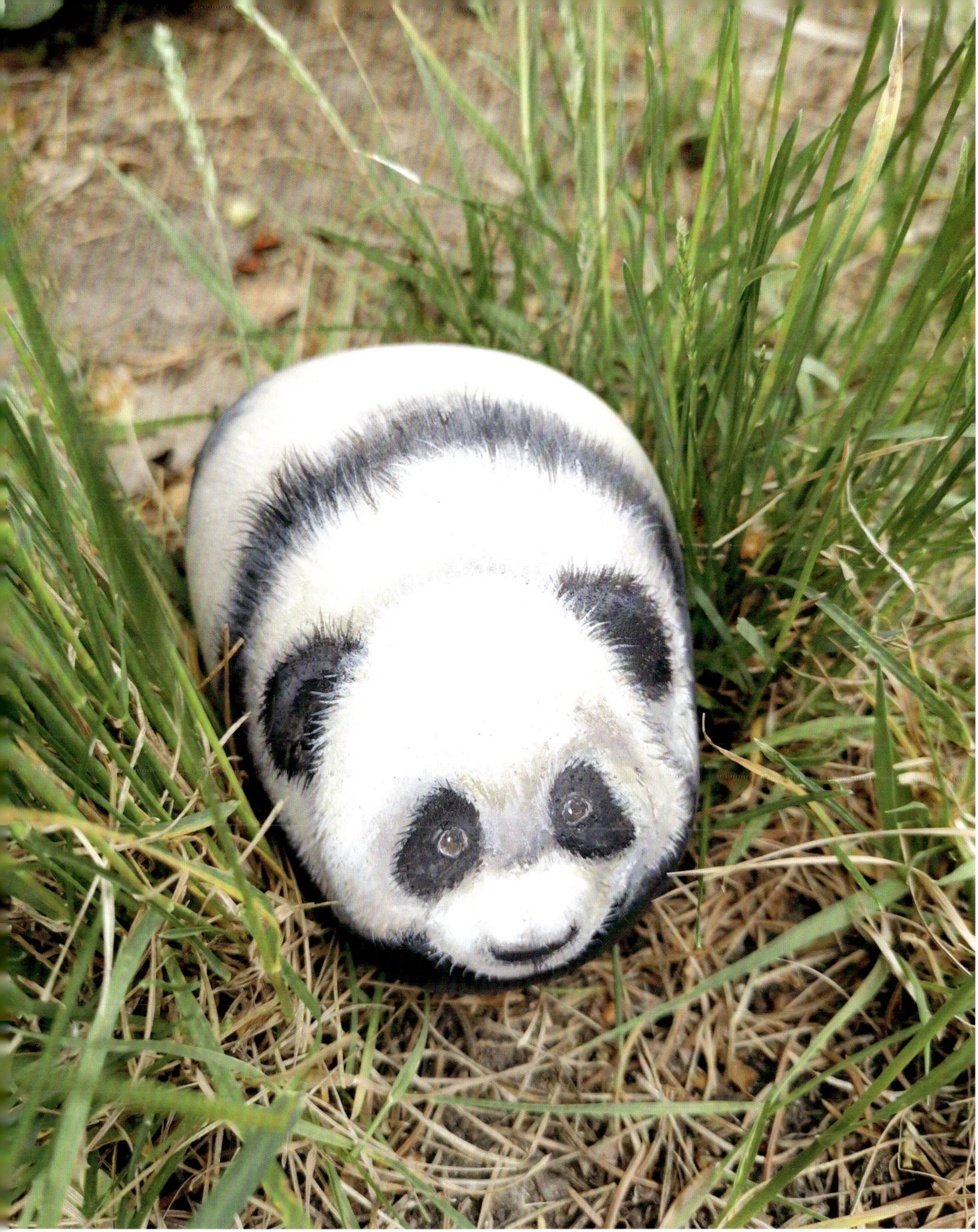

Los geht's

1

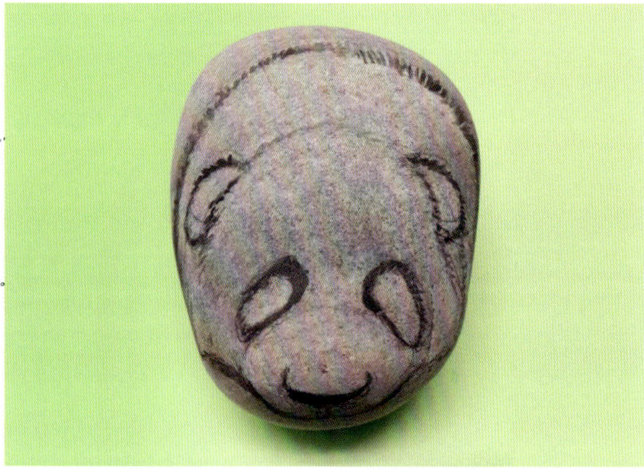

1 Der Panda bekommt mit dem Bleistift sein niedliches Gesicht vorgezeichnet. Typisch bei dem Tier sind die etwas hängend wirkenden Ringe um die Augen herum.

2

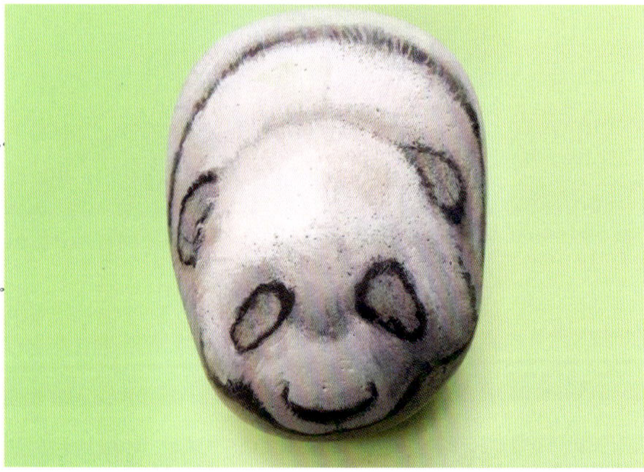

2 Das weiße Fell wird mit Ocker und Braun abgemischt, und bei den schwarzen Flecken kannst du Braun und auch ein wenig Weiß dazugeben. Unterstützen wird dich beim Fellmalen ein alter, größerer Borstenpinsel.

3

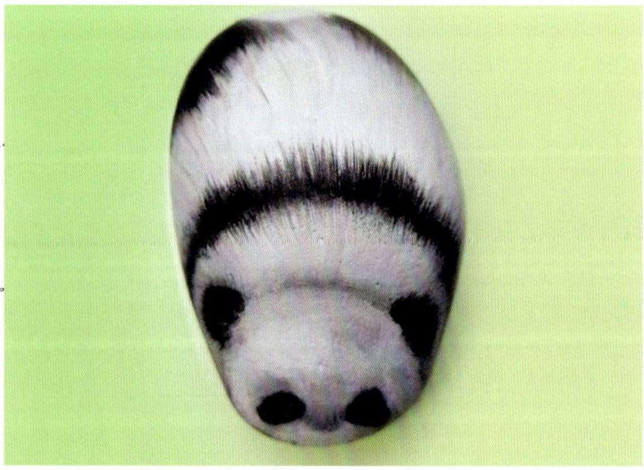

3 Von oben betrachtet, hat der Arme plötzlich keine Schnauze mehr. Da darfst du einfach mal darüber wegsehen und deinen Blick auf das entstandene Fell richten.

4

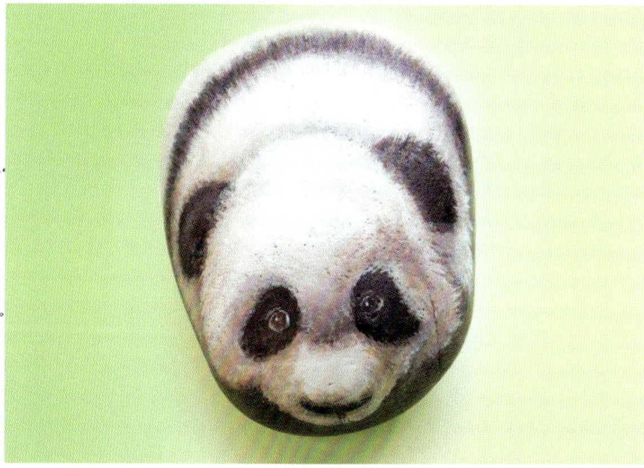

4 Jetzt sind Rundung des Kopfes mit Licht und Schatten ausgearbeitet, und die kleinen, braunen Augen mit den weißen Pünktchen darin glänzen sehr lebendig.

5

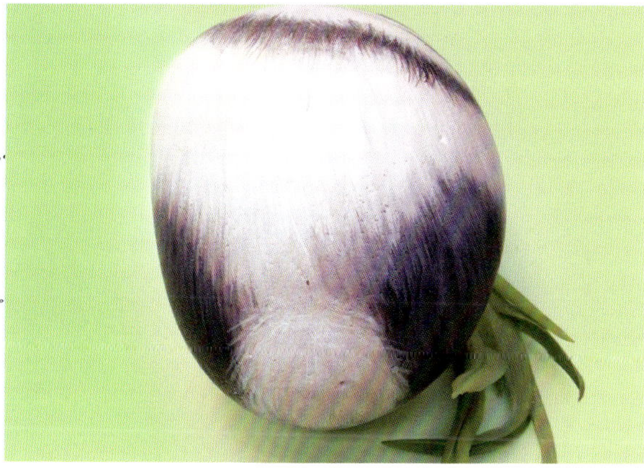

5 Am Hinterteil lassen sich weiche Farbübergänge von Weiß nach Schwarz wunderbar mit dem alten Borstenpinsel streichen. Der Pinsel darf dabei nicht aufgedrückt werden, sondern nur zart über den Stein streichen.

6

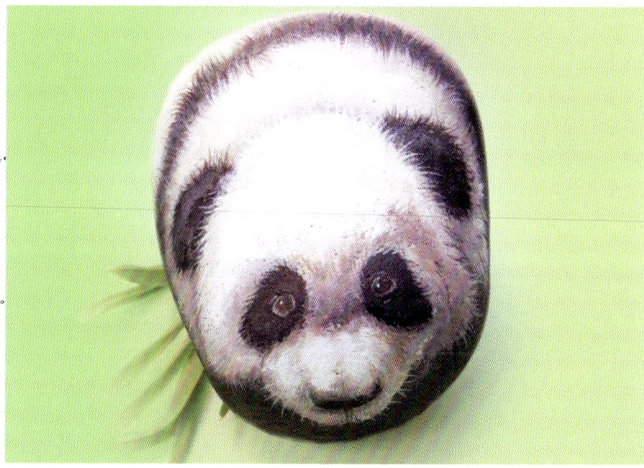

6 Als Letztes sind mit dem feinsten Pinsel einzelne Fellhaare verlängert worden und winzige Barthaare entstanden. Wem das nicht so gut gelingt, der sollte nicht vergessen, dass dieses Motiv nicht unbedingt ein ausgeprägtes, filigranes Fell braucht, um schön auszusehen.

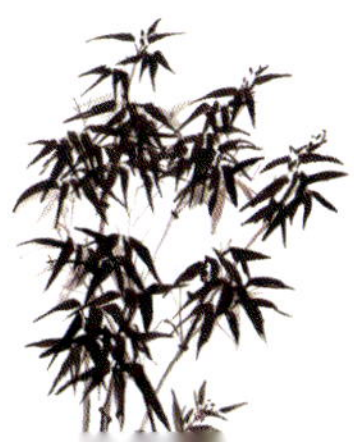

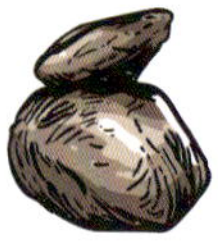

Elefant

WEISHEIT

Wenn du einen passenden Stein für diesen Elefanten gefunden hast, brauchst du nur die Farben Schwarz, Braun und Weiß. Hier ist kein weißer Acryllack nötig, die weiße Acrylfarbe reicht völlig aus.

DER ELEFANT STEHT FÜR MICH FÜR DEN TIEFEN ZAUBER DER WEISHEIT. ER HAT SICH VON MIR ZAUBEROHREN GEWÜNSCHT, DAMIT ER HINTER ALLEN WORTEN DIE LIEBE HÖREN KANN.

WUNSCH

Ich will still werden und der heilsamen Wahrheit lauschen.

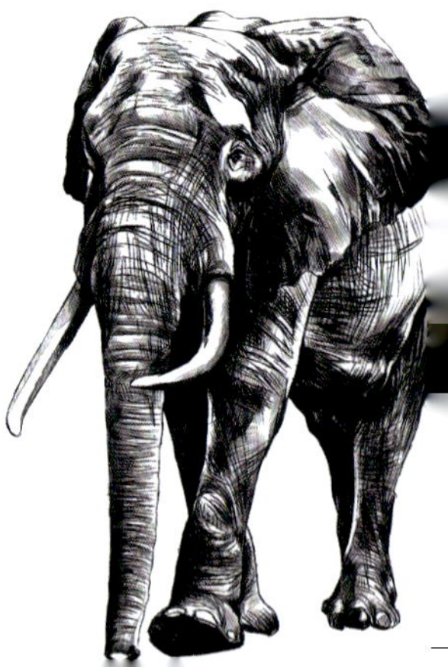

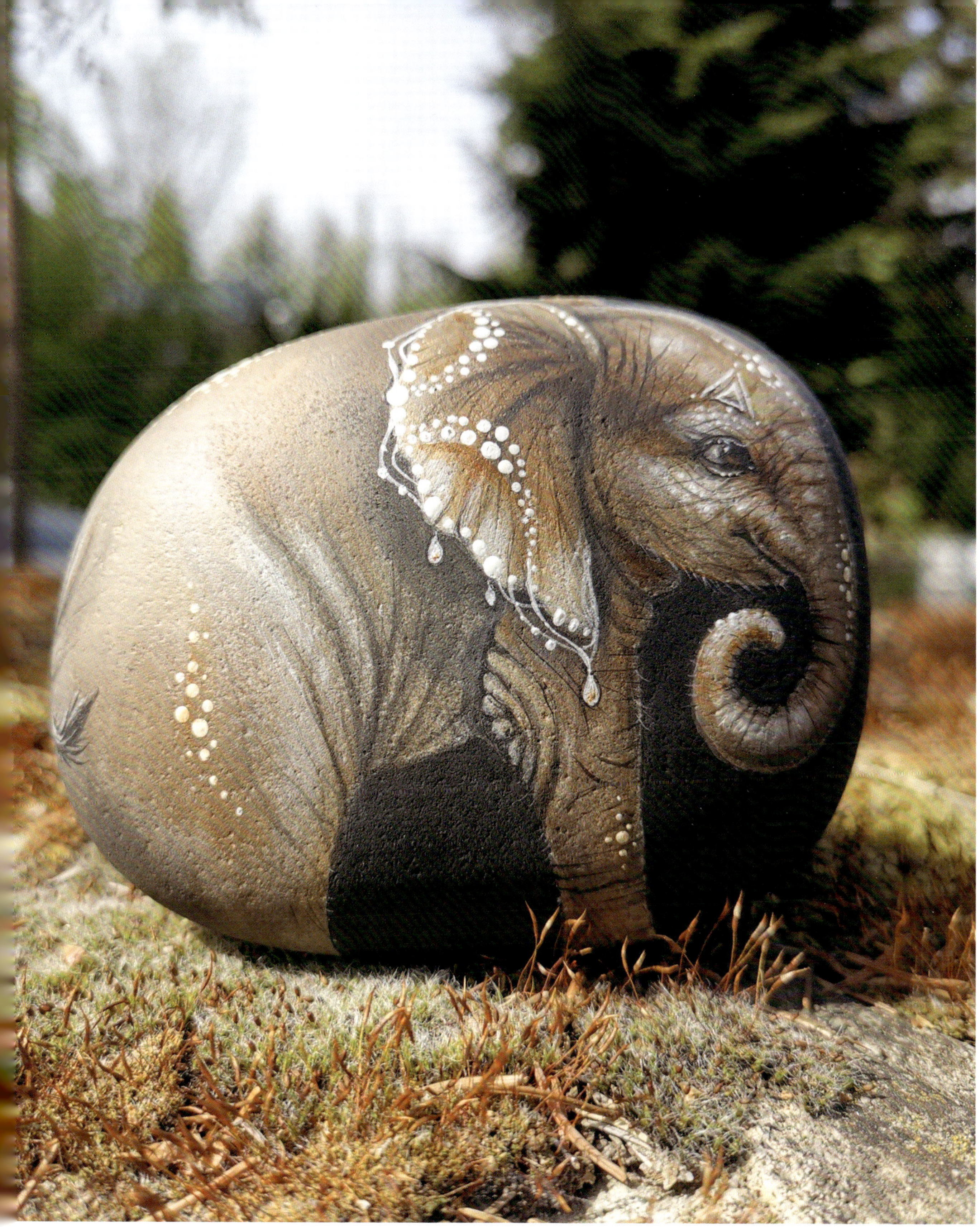

Los geht's

1

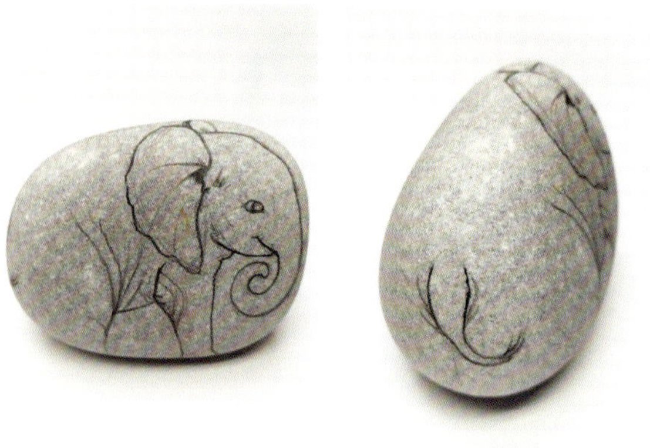

1 Zunächst solltest du dich entscheiden, ob dein Elefantenkopf auf beiden Seiten zu sehen sein soll oder ob der Kopf wie bei meinem nur eine Seite hat. Schau dir deinen Stein an und entscheide, denn beides ist möglich.

2

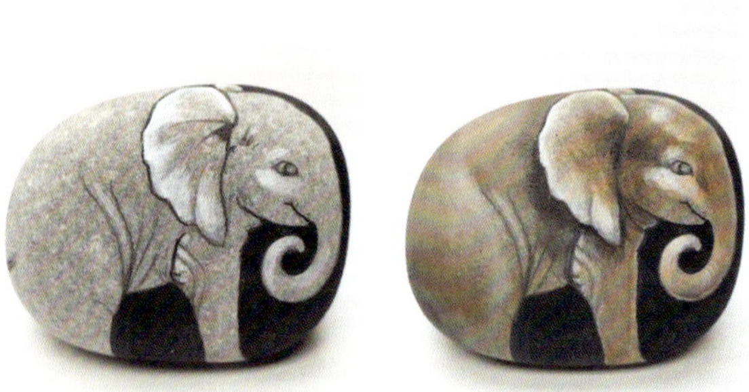

2 Den Hintergrund, der nicht zum Elefanten gehört, habe ich mit schwarzer Farbe gestaltet, dann die hellen Stellen mit Weiß betont, um anschließend mit der braunen Farbe weiterzuarbeiten. Ich empfehle, für die großen Flächen auch immer einen großen Pinsel zu verwenden.

3

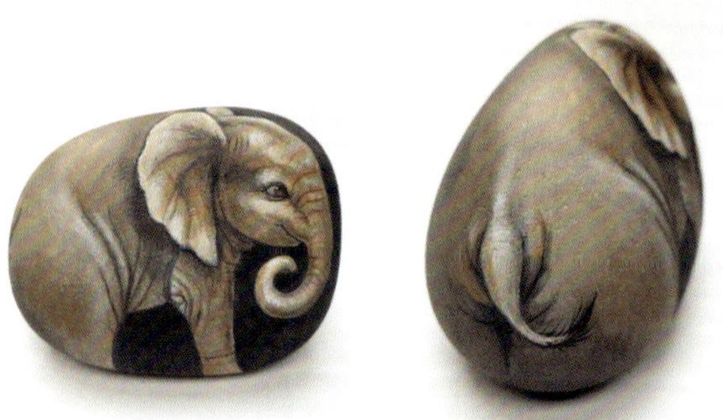

3 Wenn dein dicker Pinsel wenig Farbe hat und eher trocken ist, kannst du mit leicht kreisenden Bewegungen weiche Übergänge schaffen. Beachte, dass es in der Falte dunkel ist, dann wieder hell wird, um gleich wieder dunkel in die nächste Falte zu gehen.

4

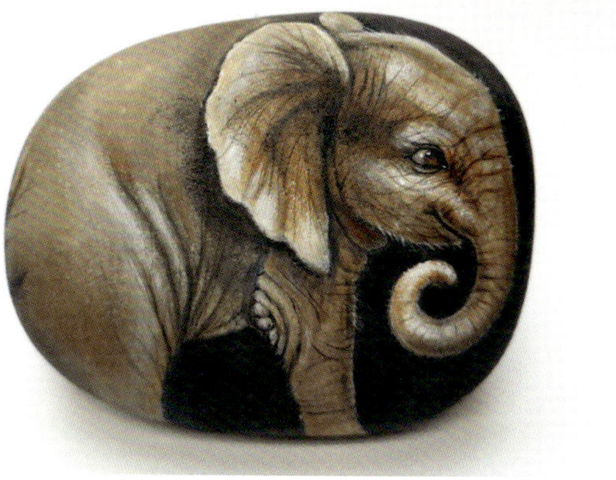

4 Mit dem feinsten Pinsel sind jetzt die vielen Runzelchen dran, und auch die kleinen, helleren Stellen werden nochmals betont. Hier wünsche ich dir eine ruhige Hand, die geduldig zarte Linien malt.

5

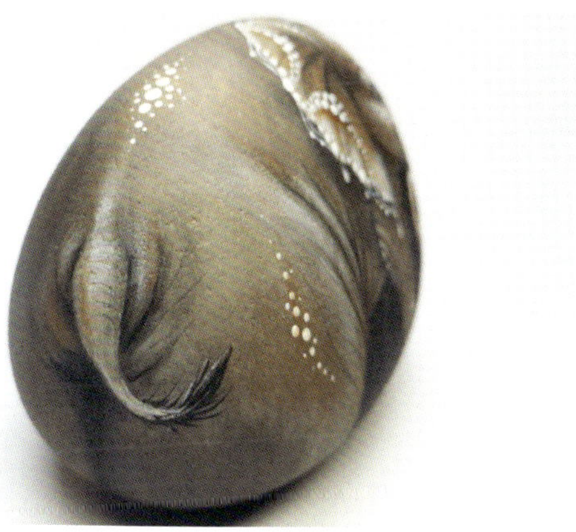

5 Auf dem Rücken und seitlich am Po habe ich mit einem dünnen Pinselstiel die Punkte gesetzt. Ein Zahnstocher kann dazu auch verwendet werden.

6

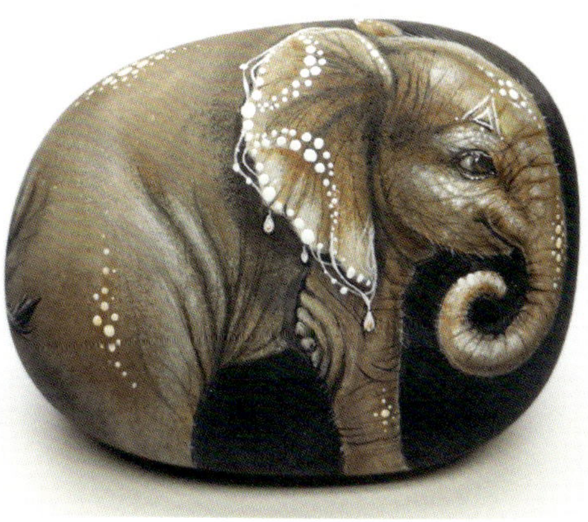

6 Jetzt wird es kreativ. Los geht es mit Punkten und Linien und kleinen Ornamenten. Richtige Zauberohren hat mein Elefant bekommen. Wenn dein Stein an den Füßen nicht abgerundet ist, kannst du natürlich auch schönere Füße malen.

TIPP

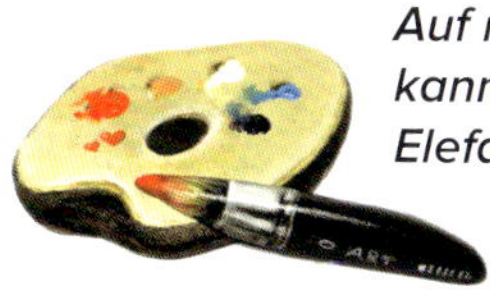

Auf meinem Instagram-Account kannst du zusehen, wie der Elefant seine Zauberohren bekommt.

Pinguin
GEDULD

Für den Pinguin brauchst du einen hohen, stehenden Stein und die Farben Schwarz, Weiß, Gelb, Orange und Rot.

IN DER ARKTISCHEN KÄLTE EIN KÜKEN GROSSZUZIEHEN, ERFORDERT BESTIMMT EINE MENGE AUSDAUER UND ZUWENDUNG.

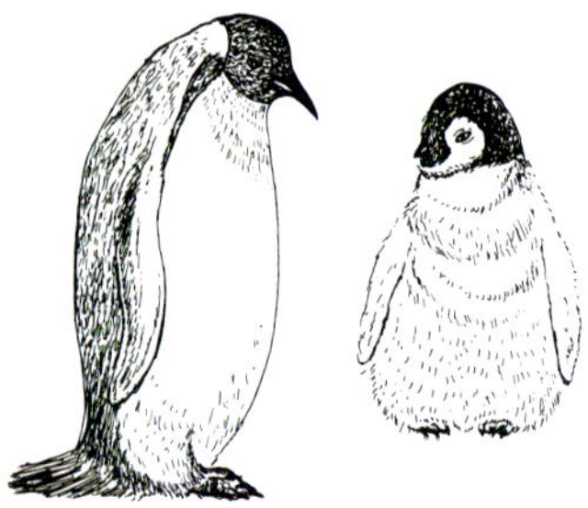

DANK

Wir sitzen in kuscheligen Wohnungen und können unsere Ausdauer gemütlich beim kreativen Gestalten nutzen. Wie gut!

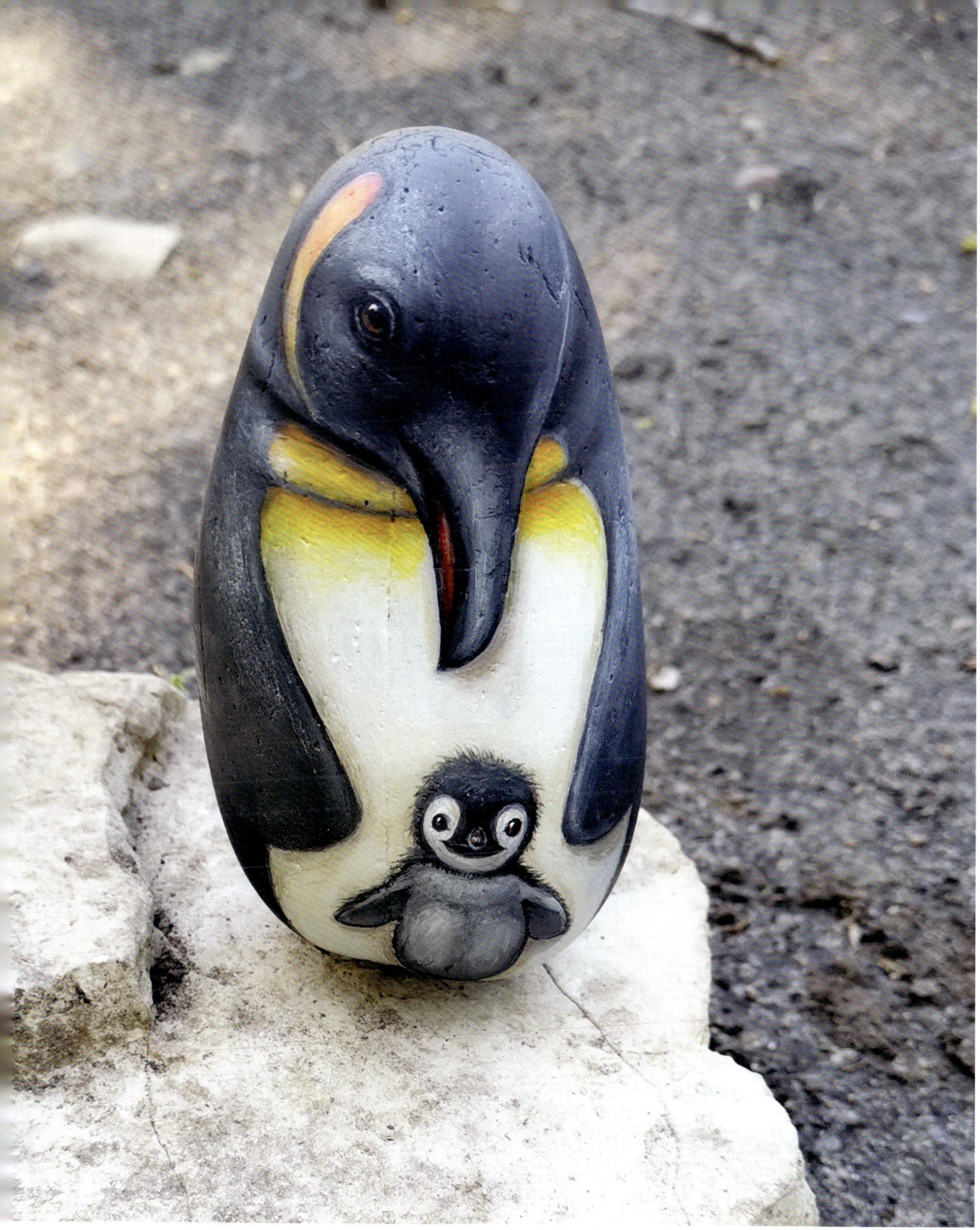

Los geht's

1

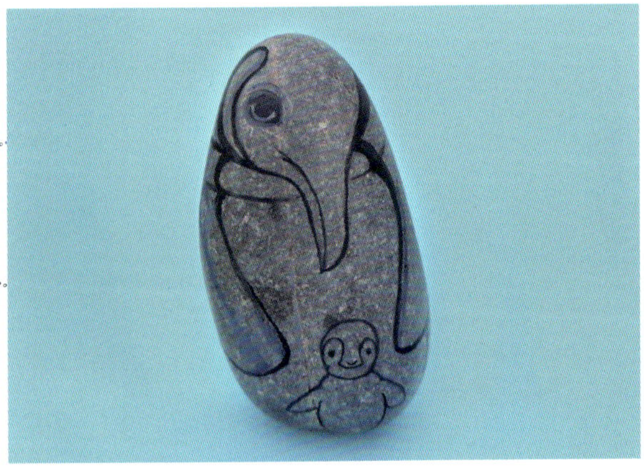

1 Du kannst dir jetzt deinen Bleistift schnappen und mit der Vorzeichnung beginnen. Ich musste dabei leider einige Male Korrekturen vornehmen, daher sieht der Pinguin leider etwas ungenau aus.

2

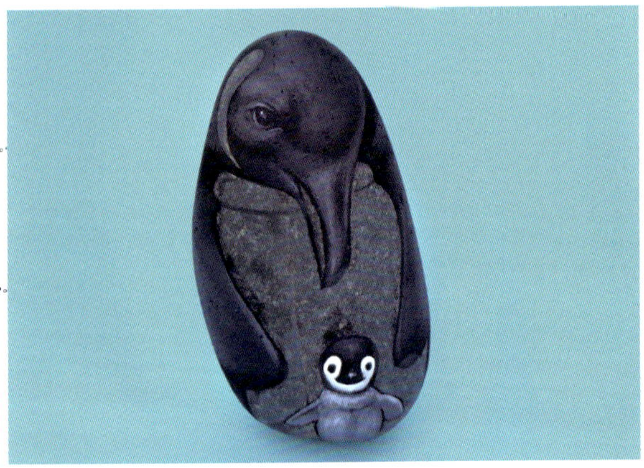

2 In Pinguinpapas schwarzem Federkleid habe ich etwas Weiß dazugegeben, und bei dem Kleinen habe ich nur mit Schwarz und Weiß gearbeitet. Wenn du magst, kannst du für den Körper auch Grau verwenden.

3

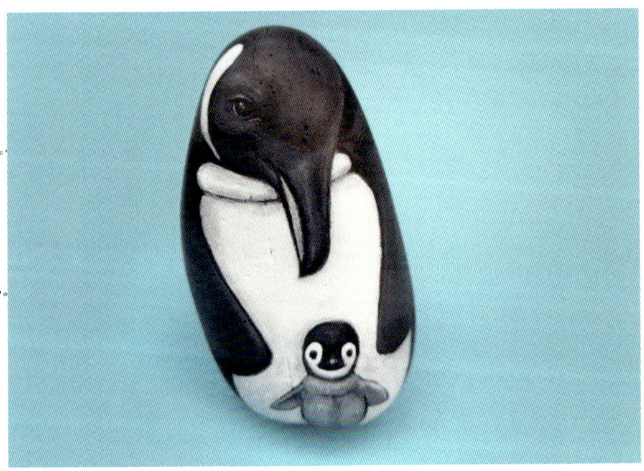

3 Drei bis vier Schichten Weiß, mit nur wenig Schwarz, sind auf den Bauch gepinselt. Das hat dem Pinguin hoffentlich gut gefallen.

4
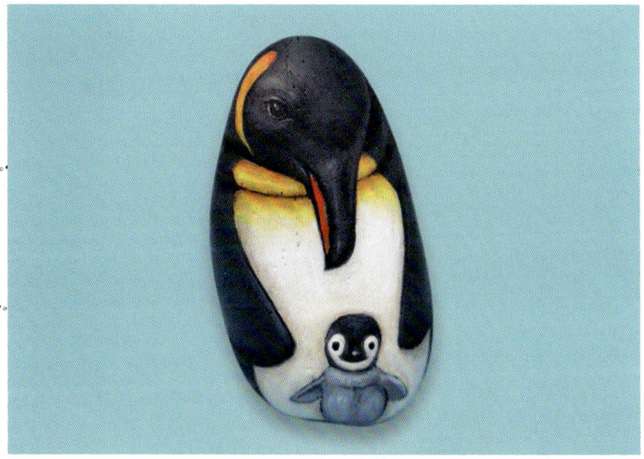

4 Hier bekommt das Gelb einen weichen Farbverlauf zum Bauch hin und nach oben immer mehr Orange, das fast in einem Rotton endet. Das weiße „Fell“ um das Pinguinkind bekommt zusätzlich weiße Farbe mit Ocker, das ist immer viel schöner als Grau.

5
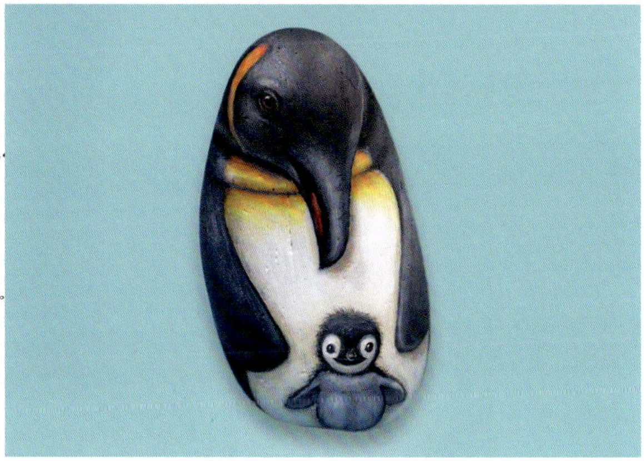

5 Mit einem eher trockenen Borstenpinsel und nur wenig Weiß sind durch leicht kreisende Bewegungen schnell mehrere lichtvolle Stellen auf dem Kopf und dem Schnabel gesetzt.

6
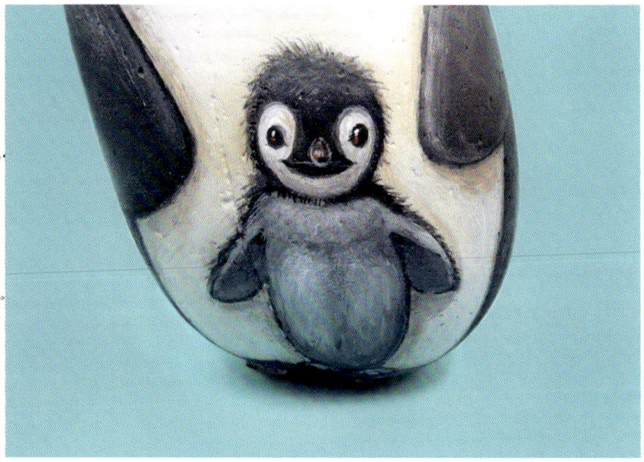

6 Das Federkleid des Kükens ist noch flauschiger geworden. Durch die Rundung des Steins sind die Füßchen verschwunden, zu sehen sind nur ein wenig die Gummistopper, die als Wackelschutz dienen.

Mandalastein
FREUDE

Hierfür ist ein besonders gleichmäßig runder oder ovaler Stein gut. Du brauchst eine dunkelblaue Acrylfarbe und Acryllack in den Farben Hellblau, Weiß, Rosa, Rot, Dunkelblau und Gold.

BEIM MANDALAMALEN FÜHLE ICH MICH IMMER NOCH WIE EIN ANFÄNGER UND MEINE FREUDE DABEI ZEIGT MIR DEN WEG.

DANK

Ich lerne von den geübten Mandalamalern, die ihre Videos zeigen. Das ist für mich so hilfreich.

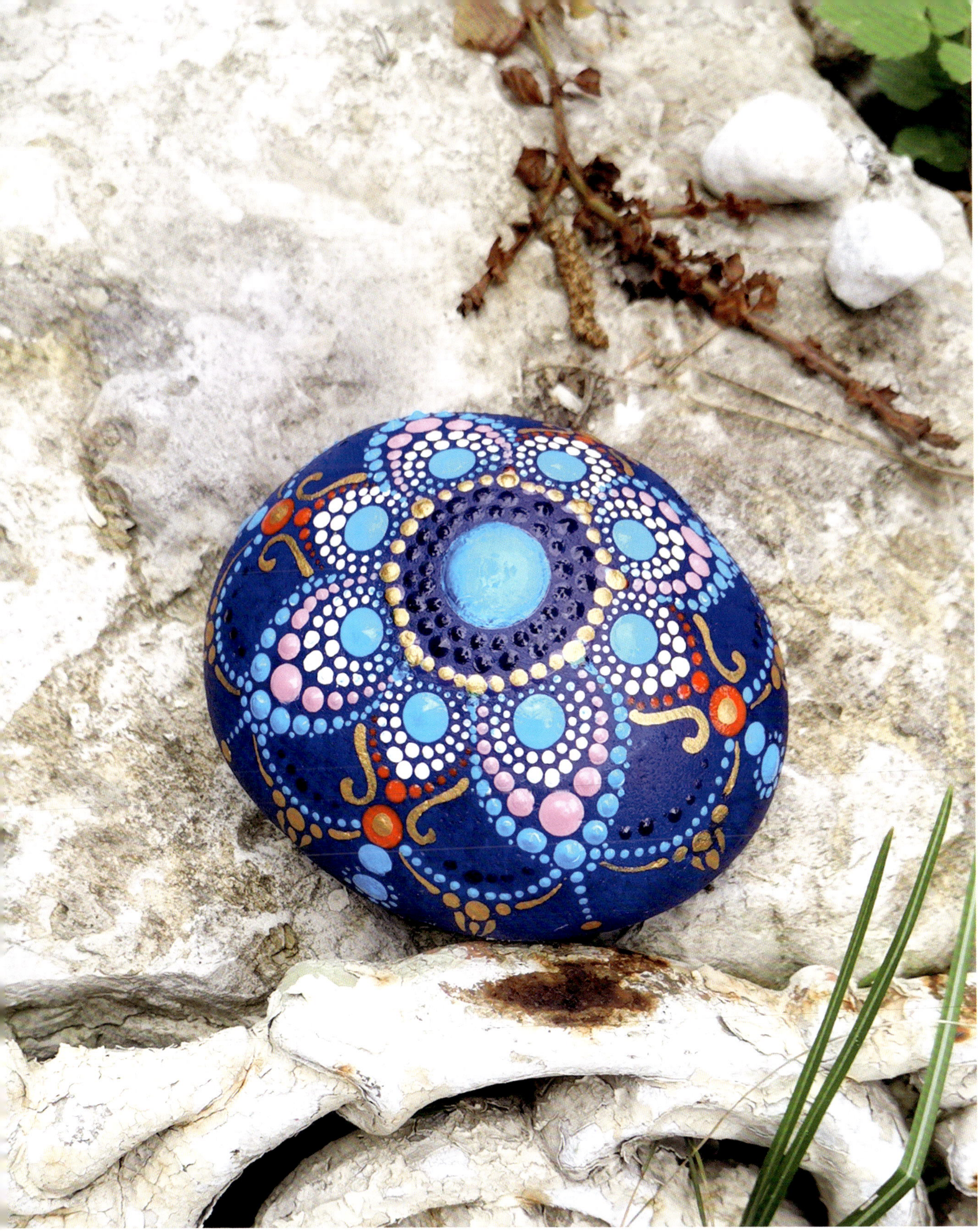

Los geht's

1

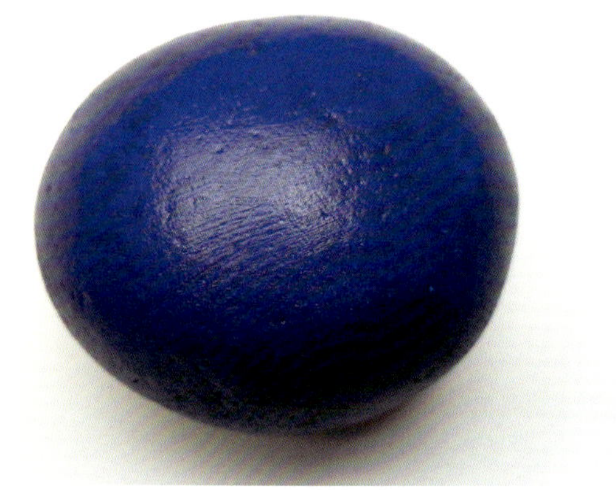

1 Du solltest einen möglichst gleichmäßig runden oder leicht ovalen Stein nehmen. Darauf kannst du zwei Schichten dunkelblauer Farbe streichen.

2

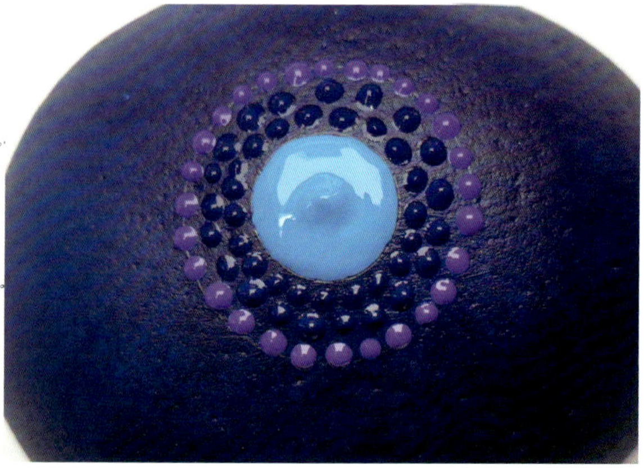

2 Mit deinem dicksten Pinselstiel kommt der erste hellblaue Punkt genau in die Mitte. Mein Pinselstiel war hierfür nicht dick genug, und ich musste deswegen ein paar vorsichtige Kreisbewegungen machen. Danach sind zwei Reihen kleiner dunkelblauer Tupfen entstanden. Achtung! Die lila Reihe habe ich später geändert und mich für Gold entschieden. Daher empfehle ich dir, sie gleich mit Gold zu malen.

3

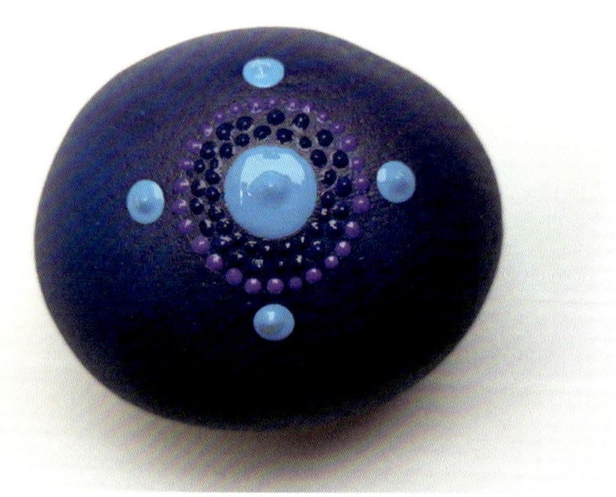

3 Jetzt kommen die hellblauen Punkte, die mein Pinselstiel gut entstehen lassen kann. Nach dem ersten Punkt setzt du anschließend am besten den gegenüberliegenden.

4

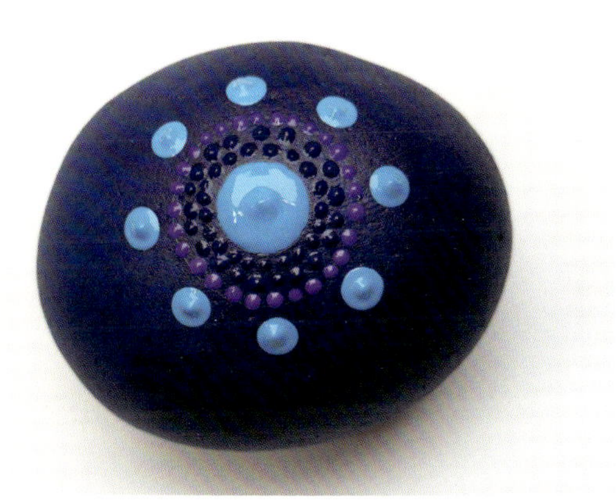

4 Die hellblauen Punkte setzt du nun immer zwischen die anderen. Ich brauche dafür keine Anzeichnung, aber wenn es für dich einfacher ist, solltest du dies tun.

5

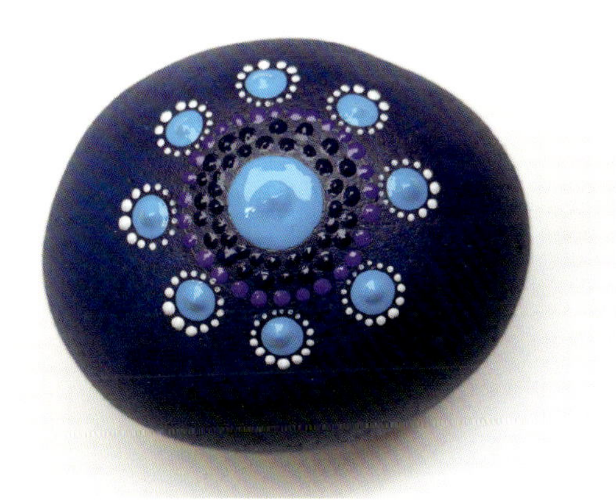

5 Für die nächste Reihe mit weißen Punkten habe ich einen kleinen Pinselstiel verwendet. Mit einmal in die Farbe Eintauchen habe ich sieben oder acht Punkte hinbekommen. Gleichmäßiger werden diese bei mir, wenn ich erst überall die rechte Seite male und dann anschließend die linke.

6

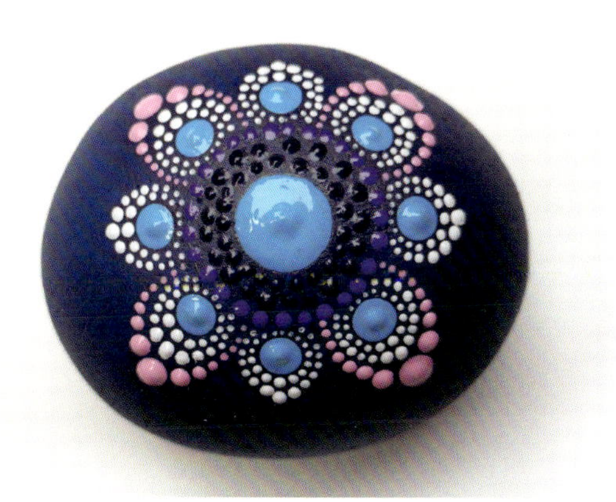

6 In der zweiten weißen Reihe bekommt der unterste Punkt eine Betonung, sodass eine Zwiebelform entstehen kann. Die rosafarbene Reihe betont diese Form noch mehr und wird nur viermal ausgeführt.

Weiter geht's

7

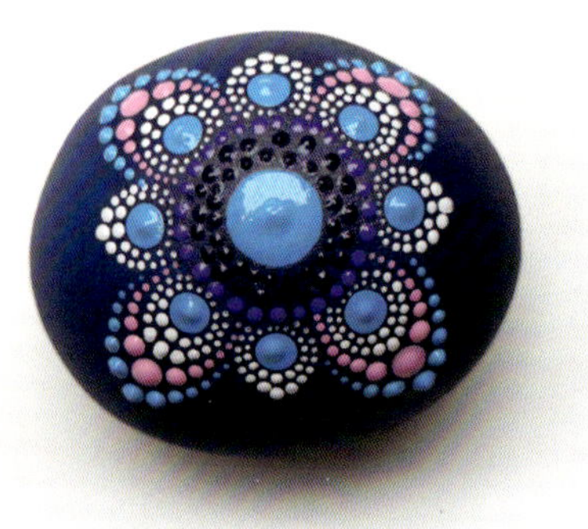

7 Hinter der rosanen Reihe entsteht nun noch eine hellblaue. Vielleicht ist dein Stein schon mit Farbe gefüllt, und du musst dir eine andere Lösung für dein Endergebnis überlegen. Jeder Stein ist eben anders.

8

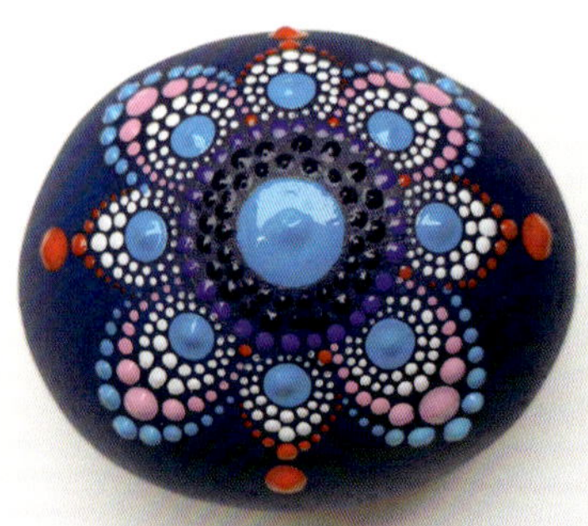

8 Die rote Reihe und die dazugehörigen dickeren Punkte verschwinden jetzt schon fast von deiner Bildfläche und schmücken den Rand des Steins.

9

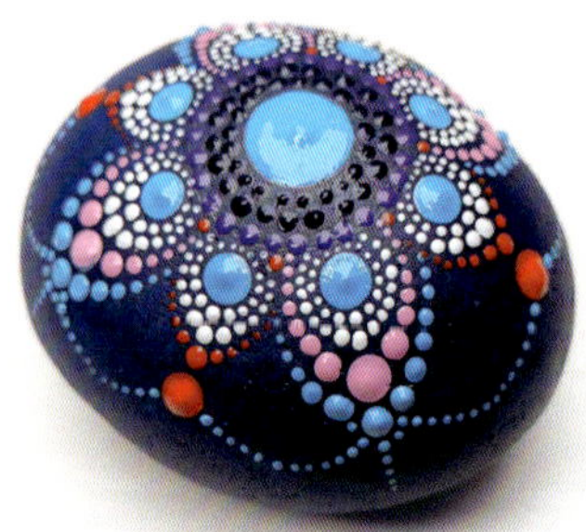

9 Nun bekommt der Stein seine hellblaue Seitendekoration, die sich wie eine Kette um ihn legt. Spätestens hier kannst du den Stein nicht mehr festhalten, und er sollte auf einem drehbaren Untergrund liegen, damit die Hände die frischen Punkte nicht verwischen. Die Deckel großer Joghurtbehälter nehme ich dafür am liebsten.

10

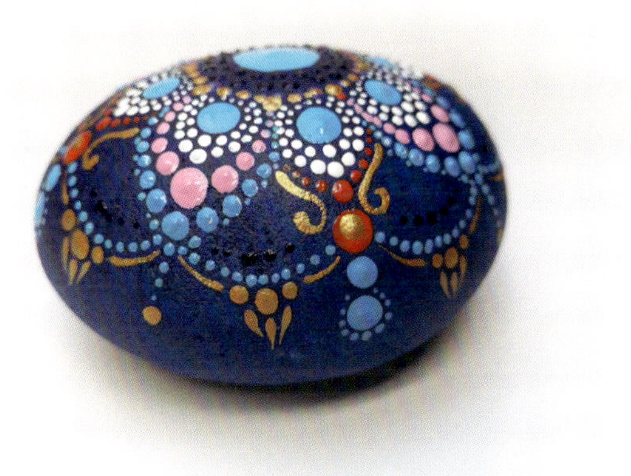

10 Hier noch ein Blick auf den Stein, von der Seite betrachtet. Mein geschultes Auge entdeckt sofort die Unregelmäßigkeiten und freut sich trotzdem über das entstandene Werk. Ich hoffe, auch du bist zufrieden mit deinem Werk und erfreust dich an dieser meditativen Arbeit.

11

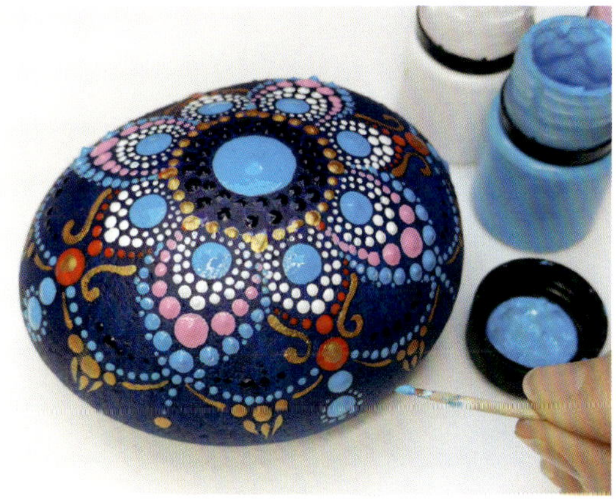

11 Zum Abschluss habe ich die zu klein geratenen Punkte nochmals vergrößert, und wenn die Farben getrocknet sind, können die Punkte auch noch in einer zweiten Schicht dicker aufgetragen werden. Darauf habe ich hier aber verzichtet.

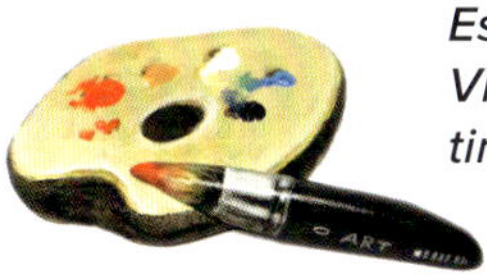

TIPP

Es lohnt sich, die vielfältigen und hilfreichen Videos zu Mandalamalereien (und „dotpainting") anzusehen.

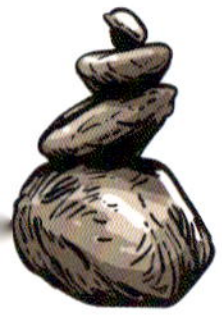

Pusteblume

LOSLASSEN

Die Pusteblume braucht die Farben Grün, Gelb, Orange, Rot, Ocker und Braun sowie Schwarz und Weiß.

DIE WELT IST IM STÄNDIGEN WANDEL, UND DAS VERTRAUTE WOLLEN WIR OFT GERNE BEHALTEN. WENN WIR MIT LEICHTIGKEIT LOSLASSEN, BEKOMMEN WIR GARANTIERT ETWAS NEUES GESCHENKT.

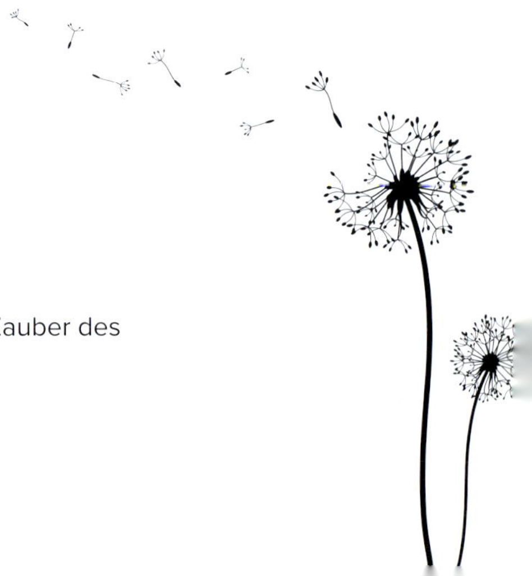

WUNSCH

Ich will im Fluss des Lebens bleiben und mich dem Zauber des Loslassens hingeben.

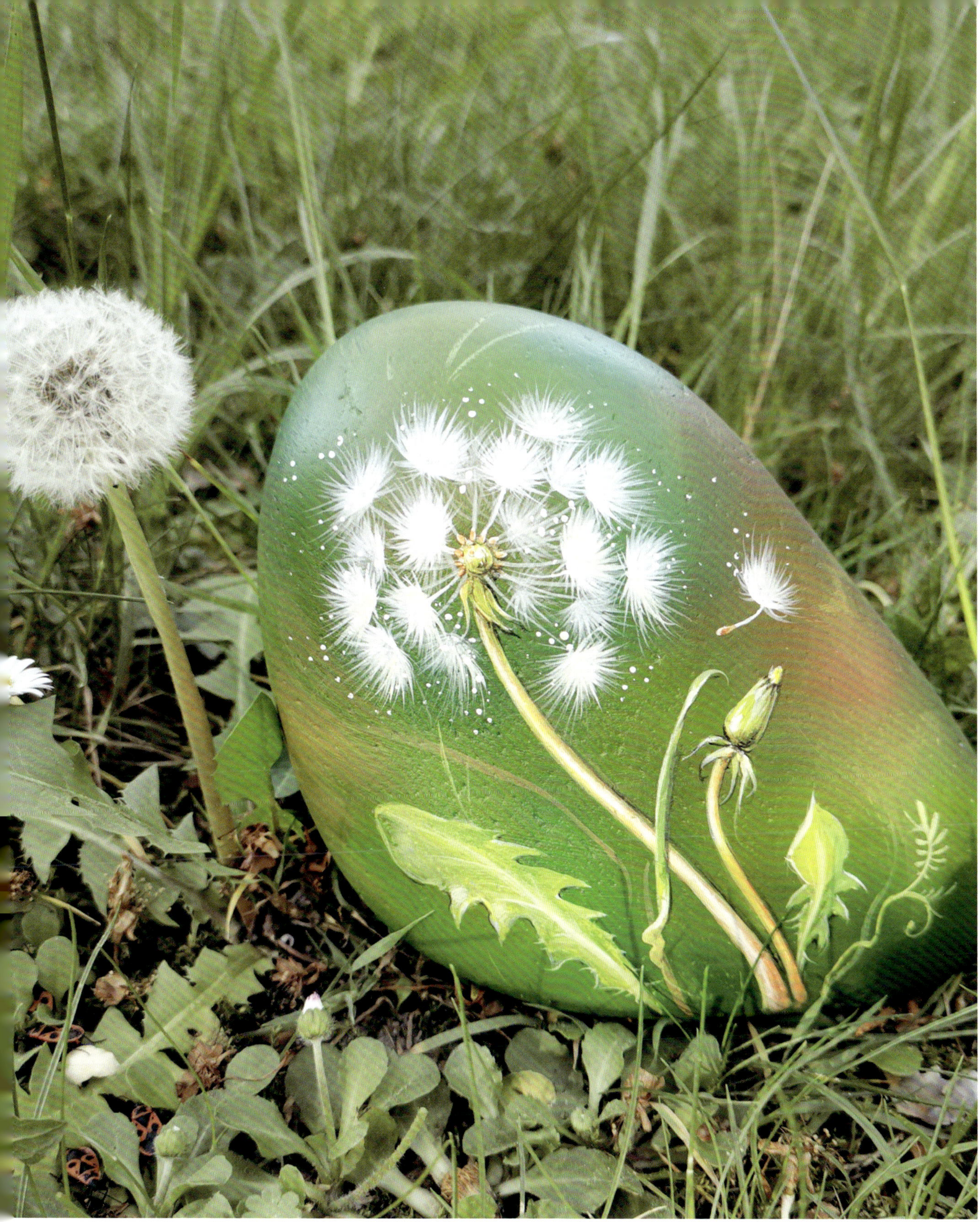

Los geht's

1

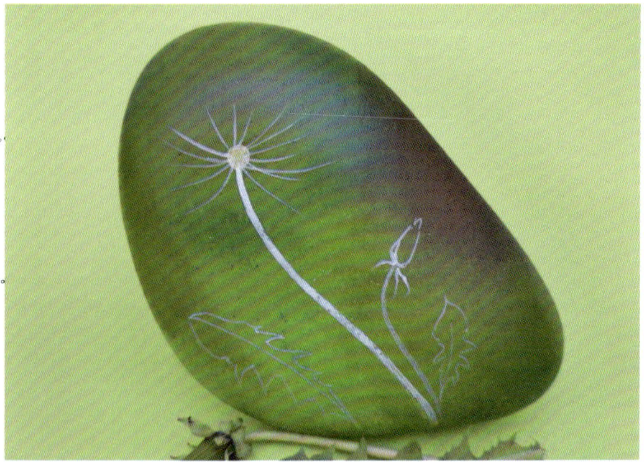

1 Schön ist bei der Pusteblume, dass sie auf unterschiedlichen Steinformen Platz findet. Nur schön glatt sollte der Stein sein. Du beginnst mit dem Hintergrund in Grün, Gelb, Orange und Braun. Die Vorzeichnung in hellem Ton ist hier ganz vorteilhaft. Die Stiele der kleinen Schirmchen sind alle ein wenig gebogen, das verleiht der Blume viel Leichtigkeit.

2

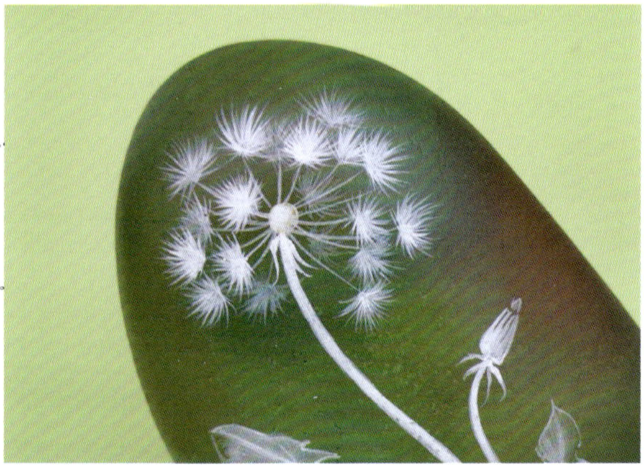

2 Die Anzahl dieser Pusteblumensamen habe ich verringert, um jeden einzelnen deutlicher malen zu können. Die weiße Farbe kann in mehreren Schichten an den Stielen und ein bisschen an den Blättern unterlegt werden.

3

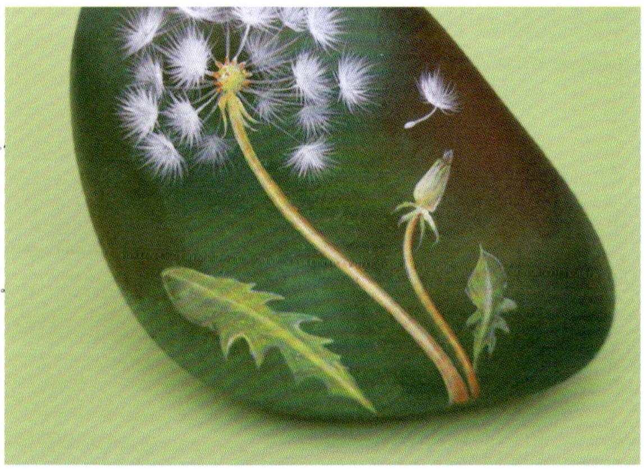

3 Die Blätter bekommen ein Gelbgrün, der Stiel bleibt hell und wird eher mit wenig Hellgrün und ein bisschen Rot überzogen. Die Schirmchen der Samen habe ich noch etwas verlängert. Dabei streicht mein feinster Pinsel immer von der Mitte nach außen.

4

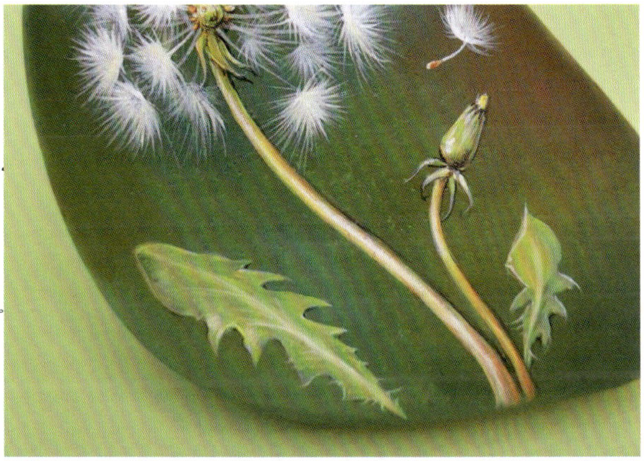

4 Mit schwarzer Farbe sind hier die Schattenseiten betont worden, wodurch eine optische Dreidimensionalität entsteht. Hierbei sollte das Schwarz nur ganz dezent eingesetzt werden.

5

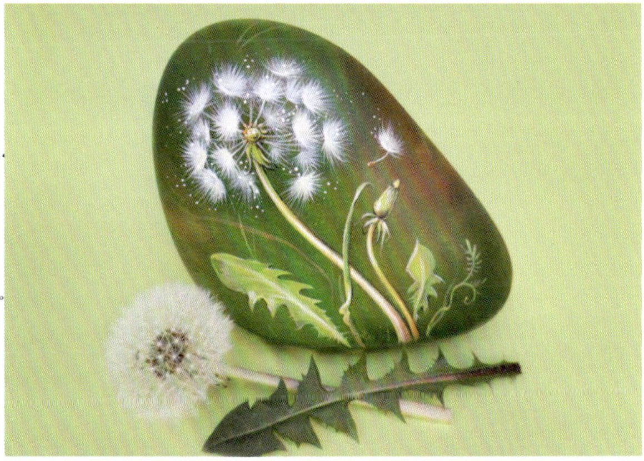

5 Zuletzt kommt noch ein bisschen zartes Beiwerk in die Wiese und weiße Pünktchen mit dem Zahnstocher zu der Blume. Künstlerische Freiheit ist doch etwas sehr Schönes.

TIPP

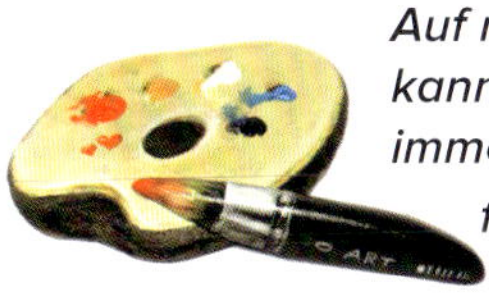

Auf meinem Pusteblumen-Video auf YouTube kannst du gut sehen, dass ich die Scheibe immer wieder drehe, um eine optimale Pinselführung zu bekommen.

Katze HEILUNG

Für dieses Motiv sind die Farben Weiß, Grau, Schwarz, Ocker, Braun und etwas Blau nötig. Wenn du noch ein lasierendes Braun dazunimmst, ist es noch besser.

ICH BIN SO GLÜCKLICH, WENN MEINE HÄNDE DURCH WEICHES KATZENFELL STREICHEN. UND IHR SCHNURREN IST FÜR MICH EIN FEST FÜR MEINE SINNE.

DANK

Diese kleinen Vierbeiner schenken uns Menschen immer wieder wohlige und heilsame Momente.

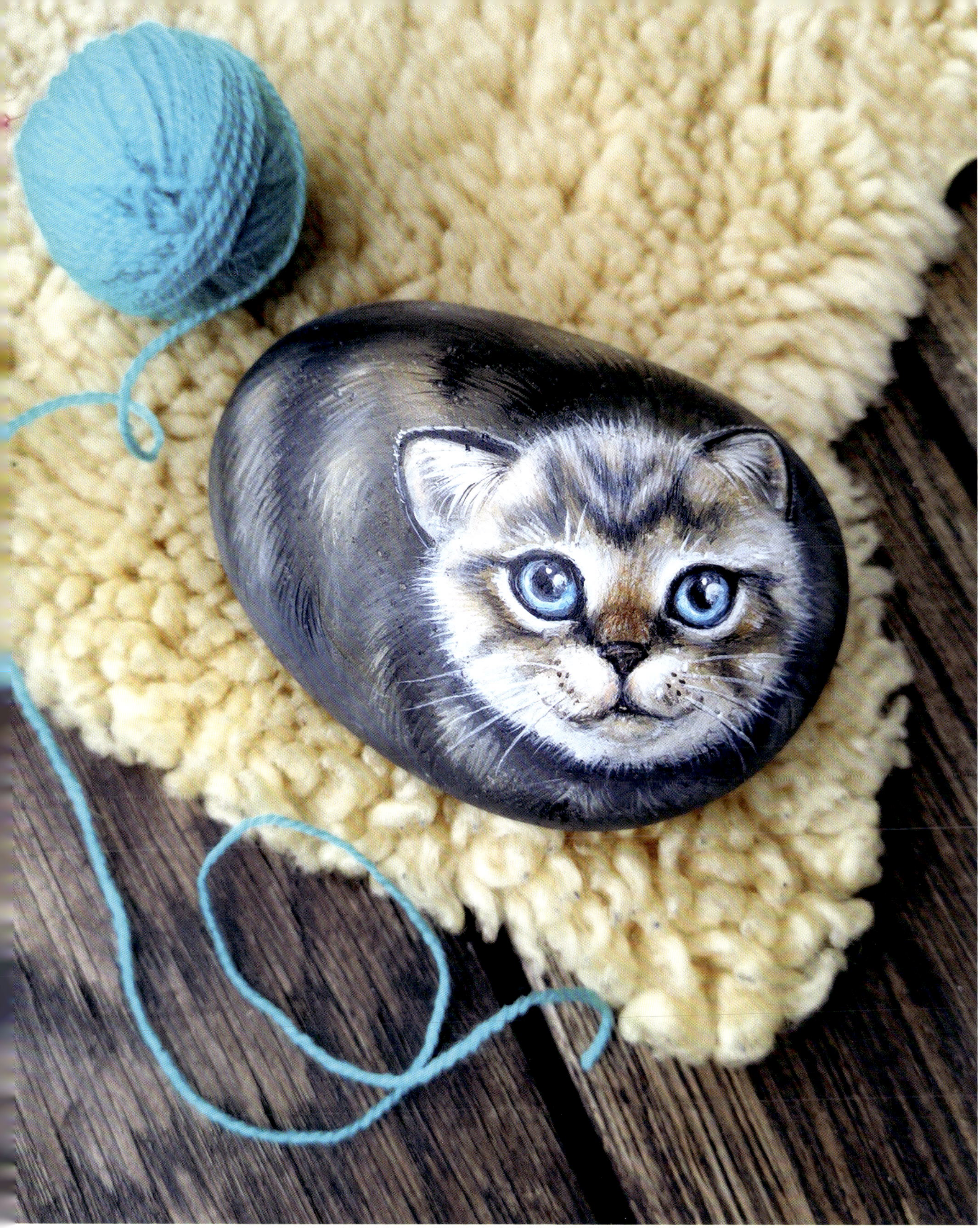

Los geht's

1

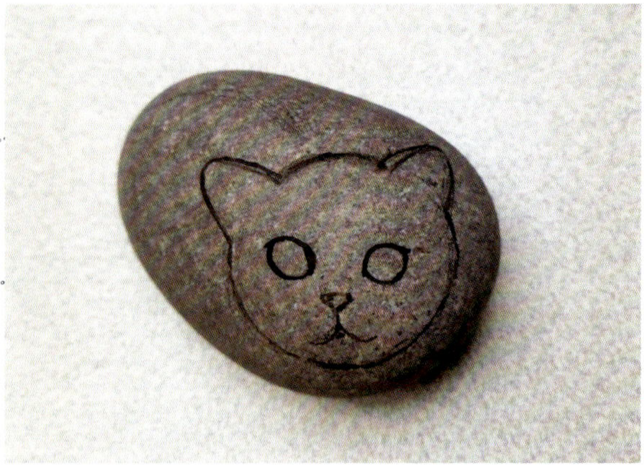

1 Bei der Vorzeichnung mit Bleistift solltest du darauf achten, dass die Ohren nicht in einer Steinrundung verschwinden.

2

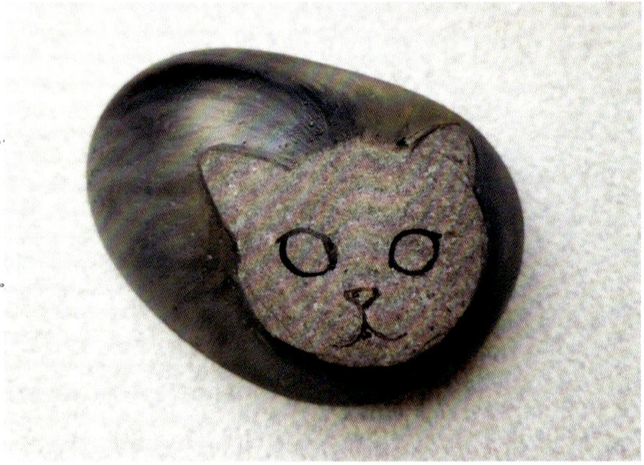

2 Mit einem großen Borstenpinsel kannst du das Fell mit Schwarz, Grau und Ocker oder Braun großzügig anlegen.

3

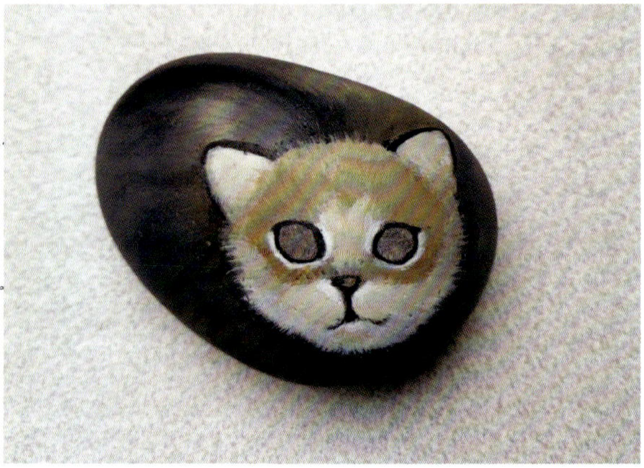

3 Danach kommt Farbe ins Gesicht. Nimm dafür zuerst die helleren Farbtöne.

4

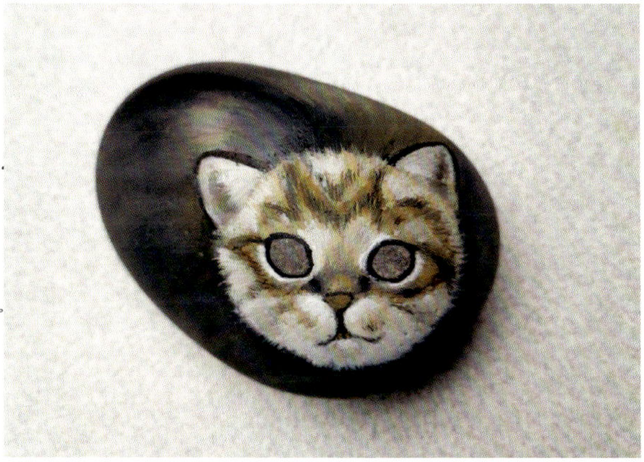

4 Um das Muster auf dem Fell entstehen zu lassen, kannst du einen kleinen Pinsel nehmen, der vorne schön ausgefranst ist. Viele Farbschichten ergeben dann ein weiches Fell.

5

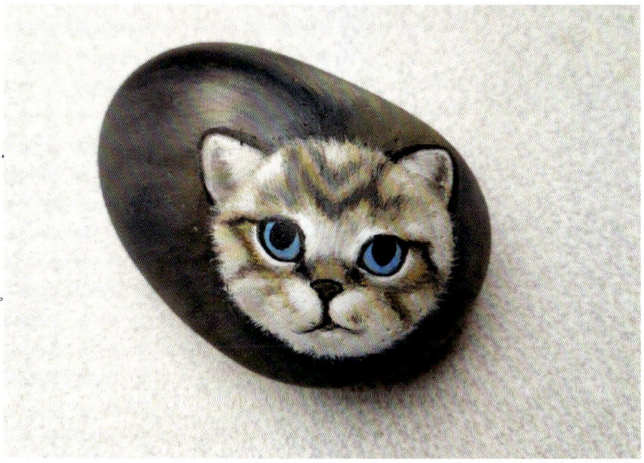

5 Hier sind nicht nur die blauen Augen dazugekommen, sondern das Fell beginnt auch, weicher zu werden. Ein lasierendes Braun kann dabei Wunder bewirken.

6

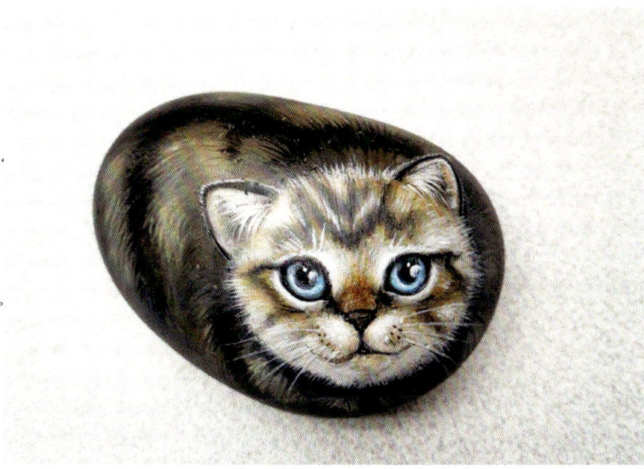

6 Die Lichtreflexe in den Augen sind eingesetzt, und die Schnurrhaare dürfen auf keinen Fall fehlen. Anschließend noch die Haare in den Ohren verlängern. Auch das Fell ist durch weitere Farbschichten jetzt noch natürlicher geworden. Ich hoffe, ich konnte dir damit helfen.

Drache

FREIHEIT

Der Drache braucht für seine drei Steine die Farben Grün, Gelb, Orange, Rot, Schwarz und Weiß.

DER DRACHE STEHT FÜR MICH FÜR KRAFT, UND SEINE FLÜGEL SIND SYMBOLE DER FREIHEIT. AUCH WENN SEIN ECKZAHN AUS DER SCHNAUZE RAGT, IST ER EIN FREUNDLICHER BEGLEITER.

WUNSCH

Ich mag diesem Krafttier folgen und meine Angst und Unsicherheit seinem Feuer überlassen.

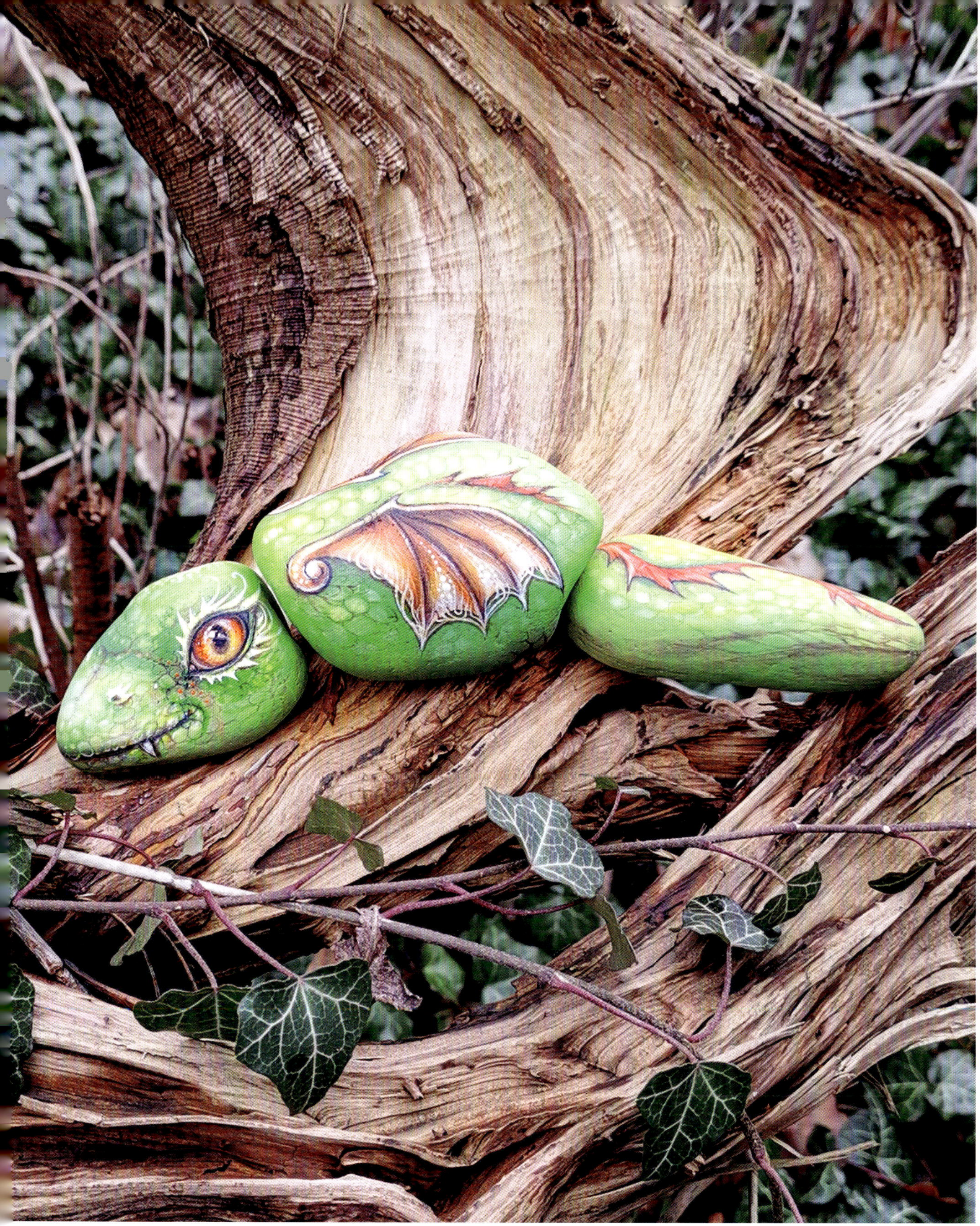

Los geht's

1

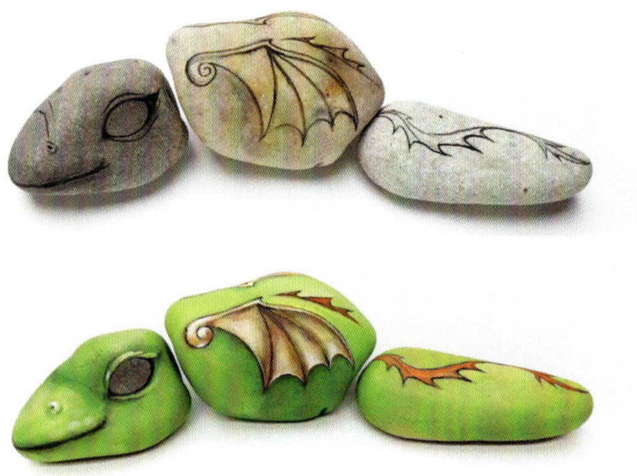

1 Du beginnst mit der Bleistiftvorzeichnung. Die Zeichnung der Linie am Schwanz kannst du allerdings besser gleich auf die grüngelbe Grundierung setzen. Die Flügel sind mit Weiß, Ocker und Braun angelegt. Die Zacken am Rücken und am Schwanz haben ein Orangerot mit brauner Umrandung.

2

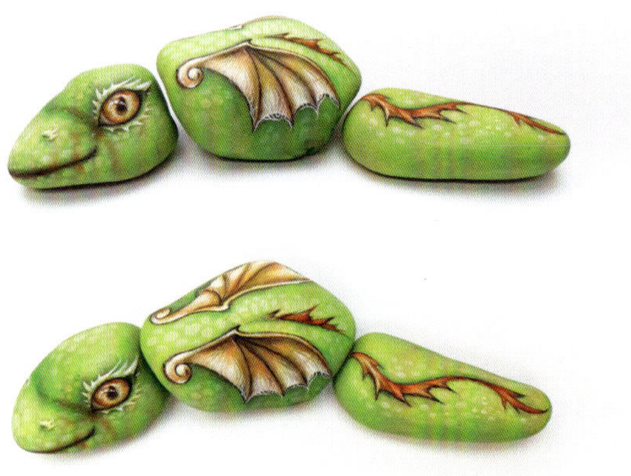

2 Von der Seite und von oben kannst du die entstandenen Schuppen erkennen, die nur ein wenig heller sein brauchen als die Untergrundfarbe. Die Flügelspitzen haben weiße Verzierungen mit dem feinsten Pinsel erhalten. Weiß, Gelb, Orange, Rot, lasierendes Braun und Schwarz sind die Farben für die Augen.

3

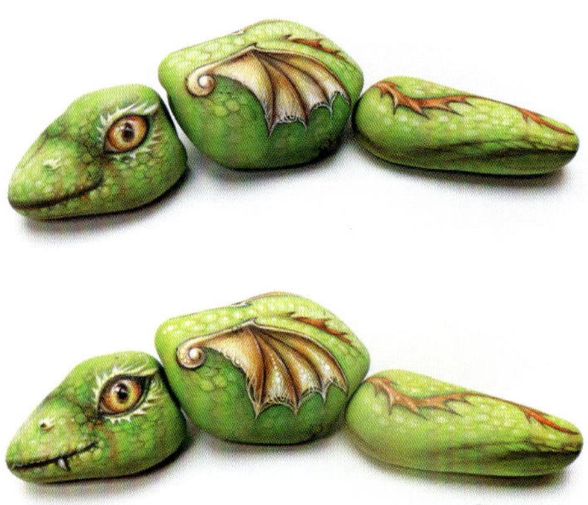

3 Die hellen Schuppen wurden noch mit dunklen grünen und braunen Linien umrahmt. Weiter geht es mit vielen kleinen Pünktchen, die über den ganzen Körper verteilt sind. Ein Zahnstocher ist dafür ein gutes Werkzeug.

4

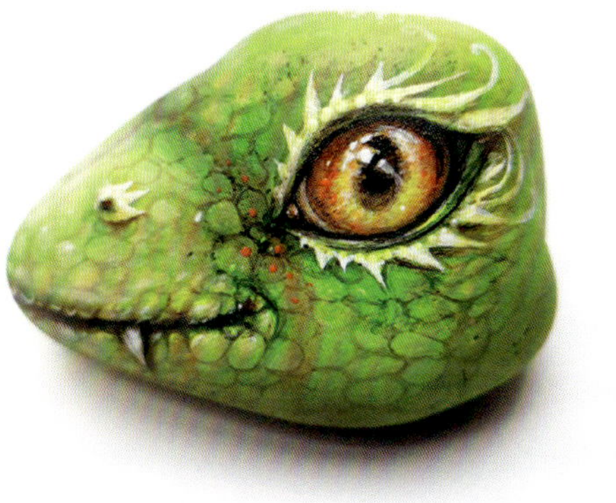

4 Besonderen Wert würde ich immer auf die Augen legen, die durch die vielen übereinanderliegenden Farben viel Tiefe und Glanz gewinnen.

5

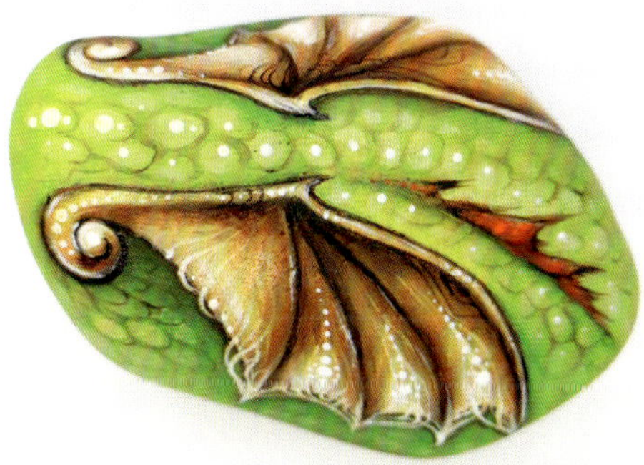

5 Hier ist das vollendete Mittelstück noch einmal von oben zu sehen.

6

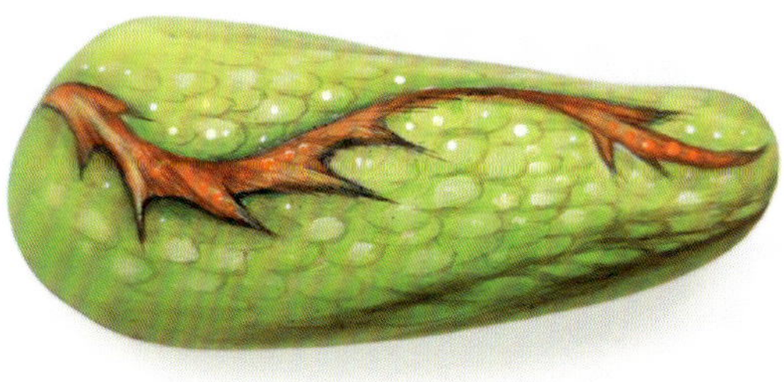

6 Auch den fertigen Schwanz möchte ich dir hier direkt von oben zeigen. Dein bemaltes Drachensteinpuzzle ist nun vollendet und hat dir hoffentlich viel Spaß gemacht.

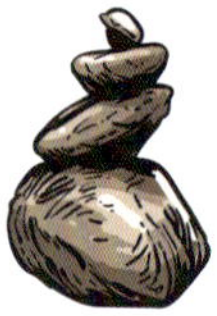

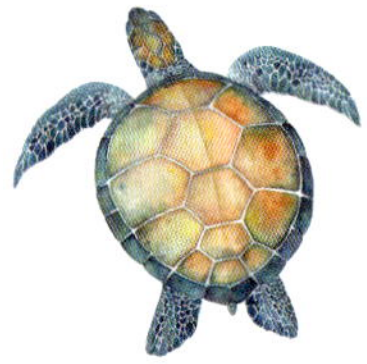

Schildkröte

VERTRAUEN

Wenn du alle sechs Steine gefunden hast, kommen die Farben Weiß, Ocker, Gelb, Orange, Braun, Schwarz, Grün und Gold dazu sowie der Acryllack in Weiß, Gelb und Orange.

WER AUS DEN GESCHICHTEN VON MICHAEL ENDE DIE URALTE MORLA ODER DIE KASSIOPEIA MAG, DER DARF VERTRAUENSVOLL ZUM STEINESAMMELN LOSGEHEN. HIER MÜSSEN SECHS STEINE ZUSAMMENPASSEN, UND DAS IST IMMER EIN RICHTIGER PUZZLESPASS.

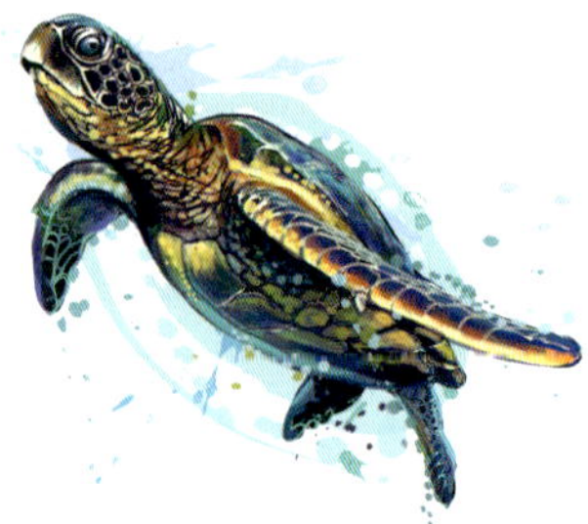

WUNSCH

Ich wünsche ein erfolgreiches Steinefinden. Kassiopeia zeigt dir bestimmt den Weg.

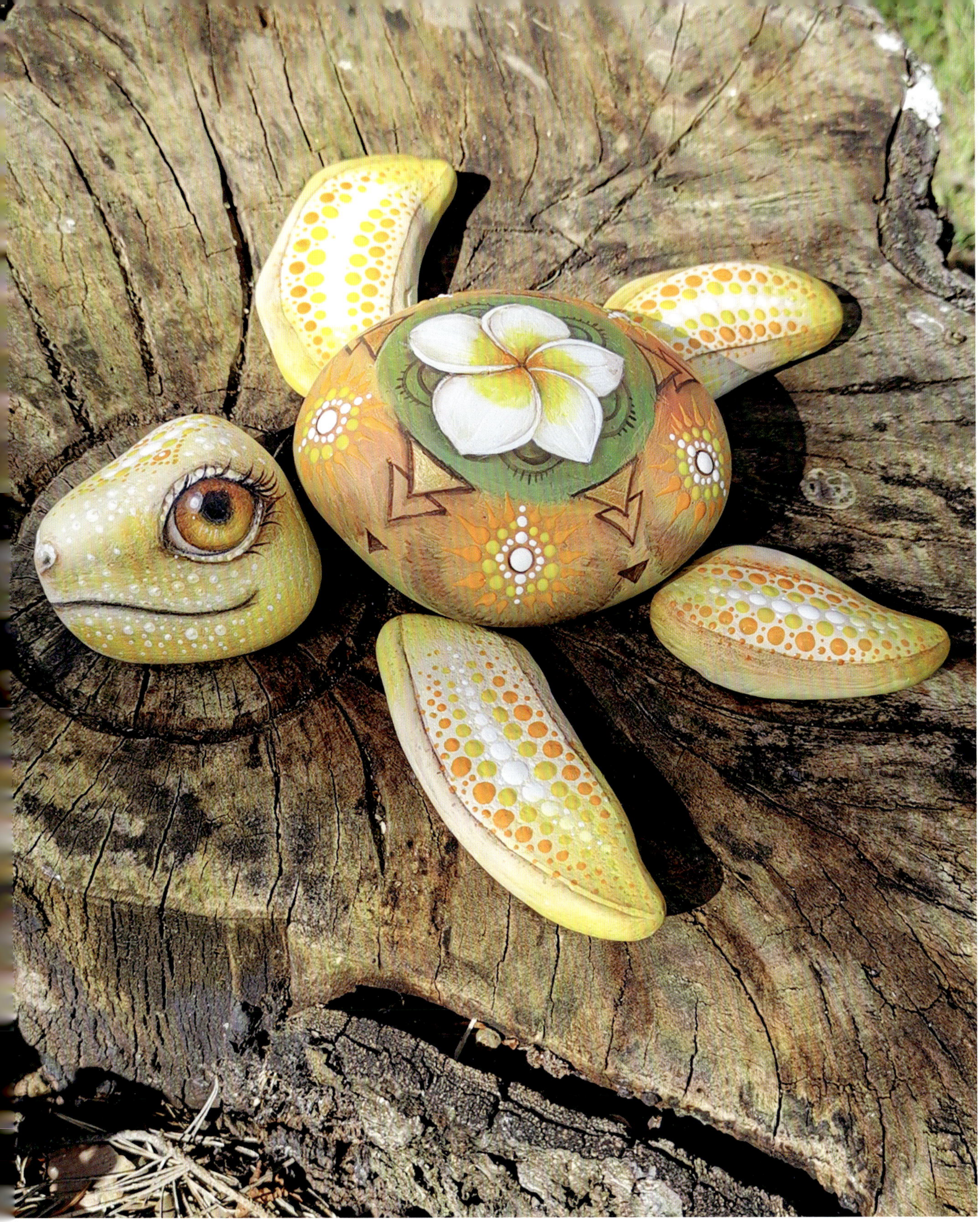

Los geht's

1

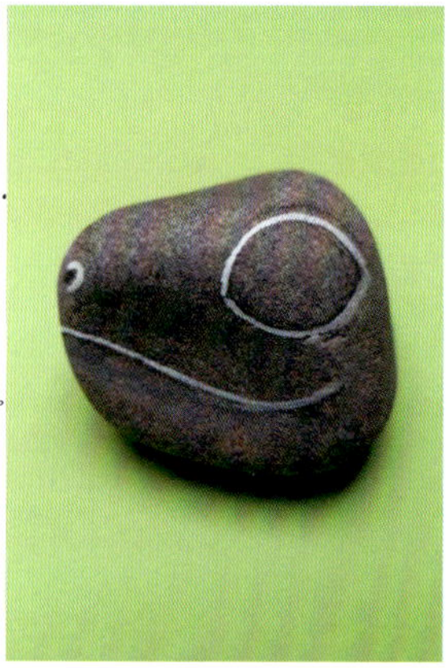

1 Mit dem Bleistift zeichnest du das Gesicht für den Schildkrötenkopf vor, und der Panzer erhält die Umrisse der Frangipaniblüte. Die Flossen sind mit Weiß grundiert, das kann je nach Dunkelheit der Steine auch mehrfach ausgeführt werden.

2

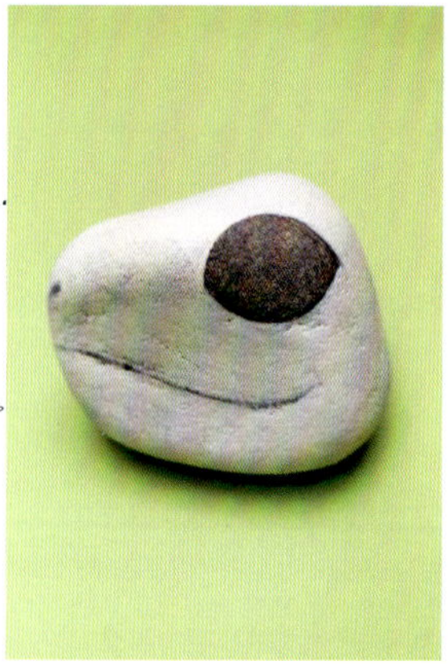
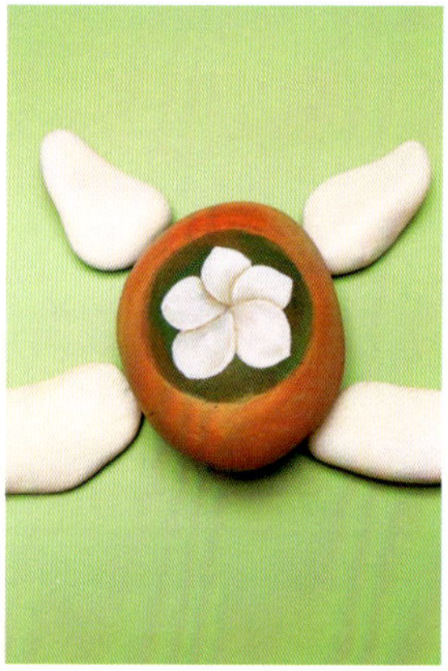

2 Weiß und etwas Ocker sind jetzt auf der Blüte, dem Kopf und an den Flossen dazugekommen. Die Farbe Dunkelgrün umrahmt die Blüte. Ein Farbgemisch aus Weiß, Ocker, Gelb und Orangerot ist am Rand entstanden.

3

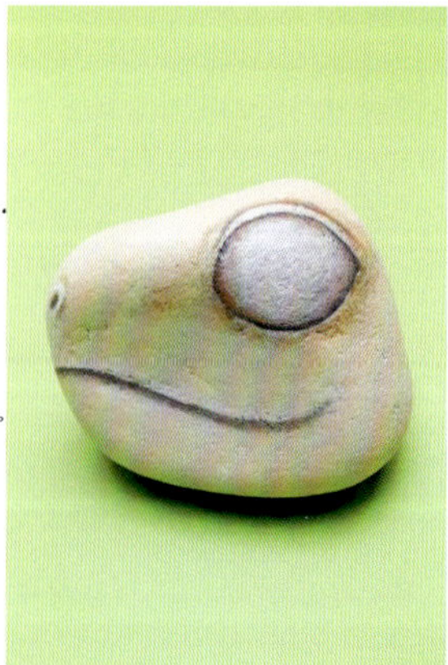
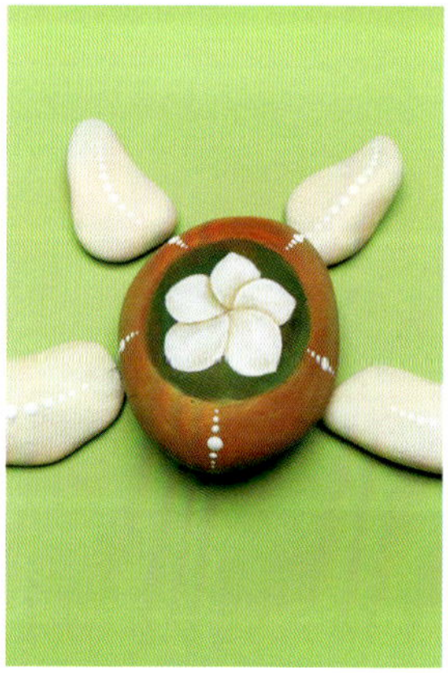

3 Der Schildkrötenpanzer und die Flossen werden mit weißem Acryllack gepunktet. Die Punkte habe ich mit einem Pinselstiel getupft. Zu Weiß und Ocker ist außerdem braune Farbe auf dem Gesicht der Schildkröte dazugekommen.

4

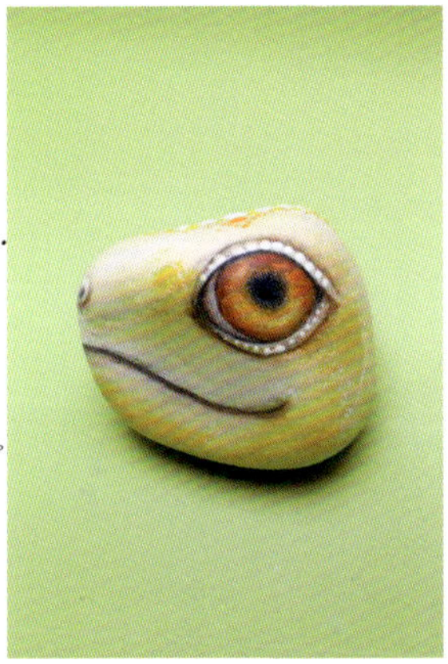

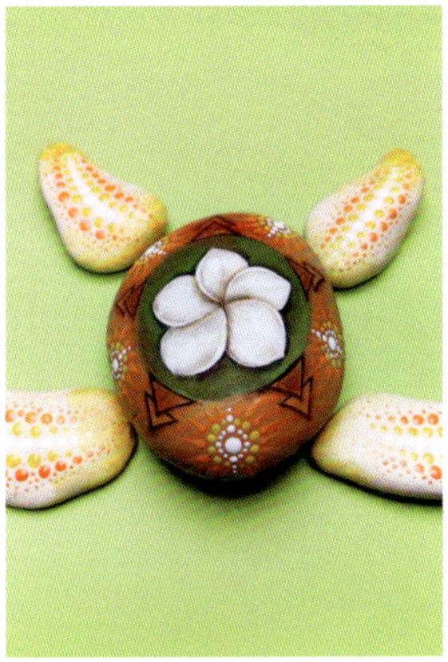

4 Das Auge der Schildkröte hat die Farben Weiß, Gelb, Orange und Schwarz bekommen, und die Augenlieder sind umrahmt mit kleinen Pünktchen. Die Dekoration auf dem Panzer und den Flossen ist hier fast vollständig. Verwendet habe ich dafür den Acryllack in den Farben Weiß, Gelb und Orange. Schau dir hier vielleicht noch einmal die Seite mit der Maltechnik an. Da kannst du Pinselstiele sehen mit den dazugehörigen Punkten. Das hilft dir bestimmt bei der Auswahl der Stiele, die du jetzt brauchst.

5

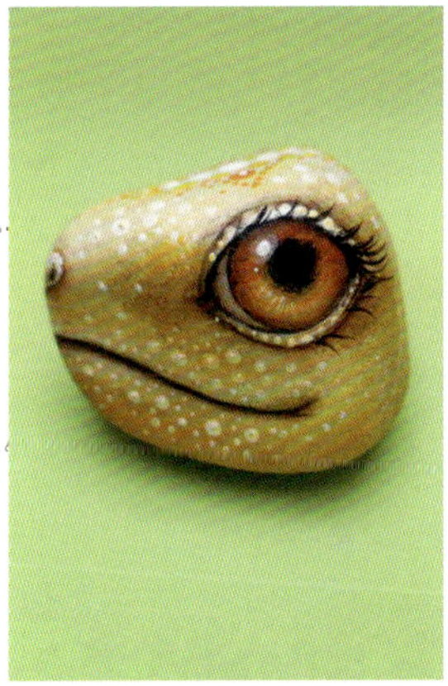

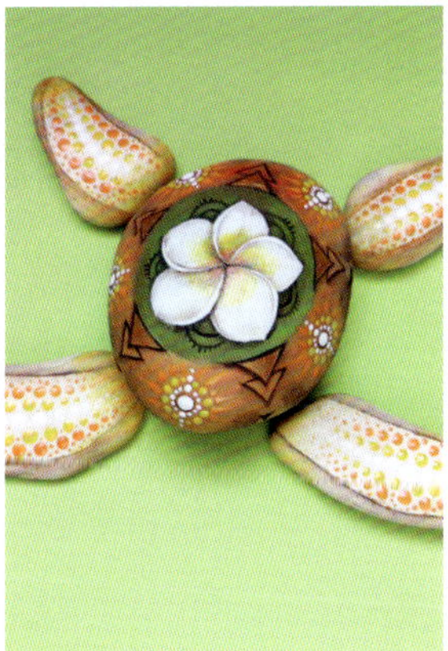

5 Hier ist der Kopf mit Pünktchen fertig gestaltet, die Augen glänzen und Wimperchen sind entstanden. Die Blütenmitte leuchtet in Gelb und Orange. Die oberen Dreiecke haben einen goldenen Überzug gewonnen, und zum Schluss sind die Flossen durch eine braune Linie verschönert worden.

6

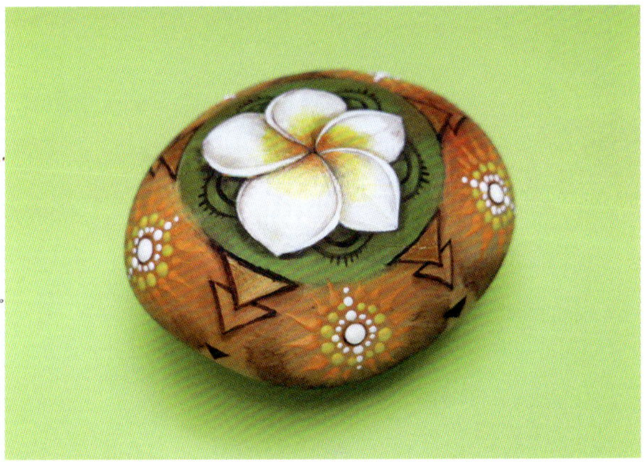

6 Wenn du dir den Panzer einzeln als Foto ansiehst, wirst du merken, dass der Stein alleine ohne Kopf und Flossen auch ein interessantes Motiv zum Nachmalen ist. Das ist vielleicht ein kleiner Trost für diejenigen, die nicht alle Steine für die Schildkröte gefunden haben.

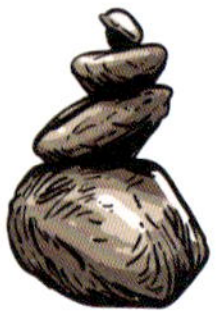

Maus

OFFENHEIT

Für dieses Motiv empfehle ich dir die Farben Weiß, Gelb, Ocker, Braun, Schwarz und Rot oder Rosa. Auch den lasierenden Braunton könntest du hier gut gebrauchen.

DIE MAUS IN IHRER HÖHLE HAT EINEN SICHEREN PLATZ UND KANN SO OFFEN UND NEUGIERIG IN DIE WELT SCHAUEN.

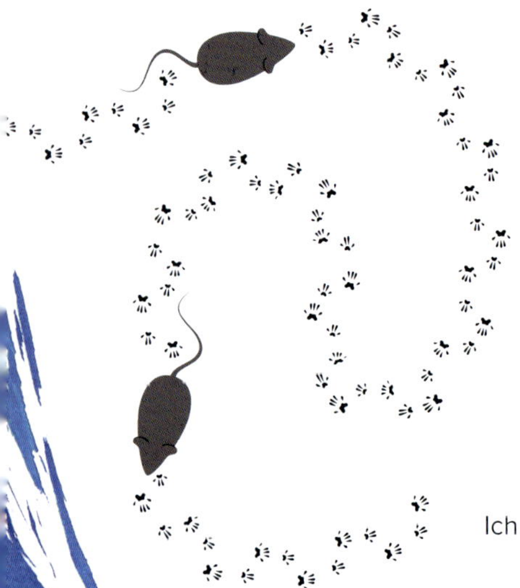

WUNSCH

Ich wünsche jedem einen sicheren Ort und einen offenen, neugierigen Blick auf die Welt.

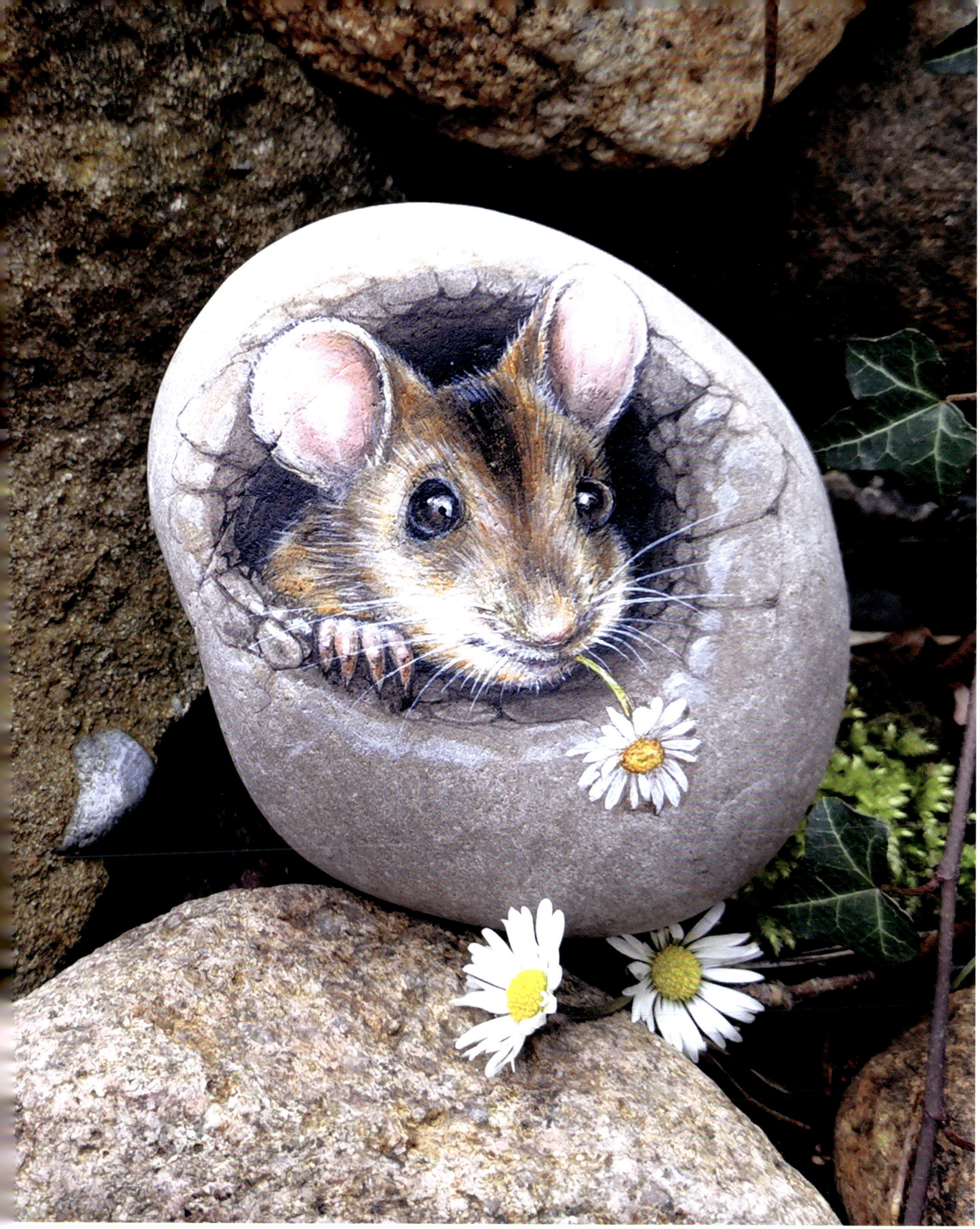

Los geht's

1

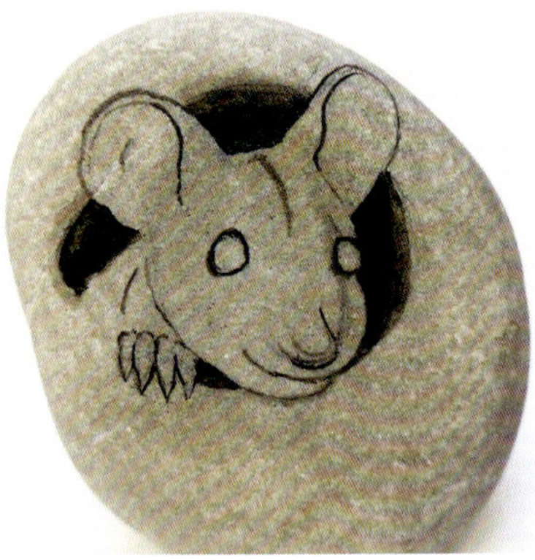

1 Die Maus kann mit dem Bleistift vorgezeichnet werden und auch das ovale Loch, wo die Kleine gleich rausschauen darf.

2

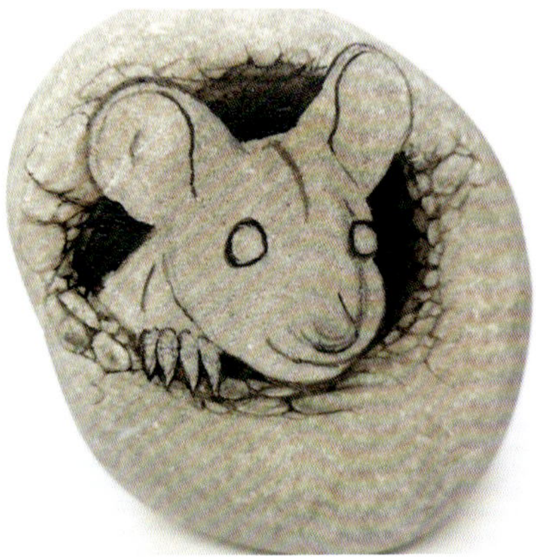

2 Zarte Andeutungen der Risse im Stein kannst du auch schon vornehmen.

3

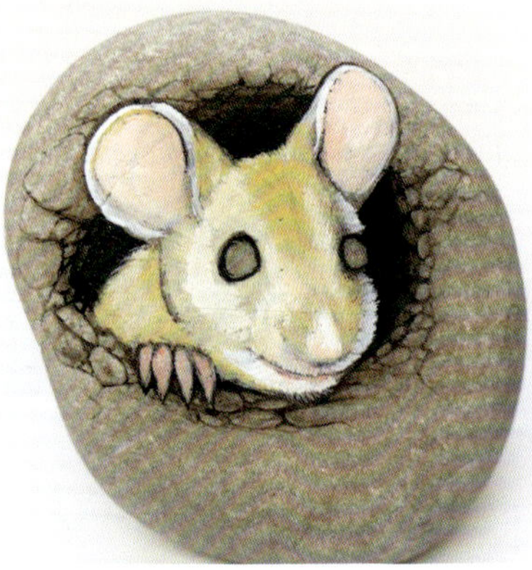

3 Nun bekommt die Maus zunächst eine weiße Farbe, um anschließend mit Rosa und Ocker darüberzustreichen.

4

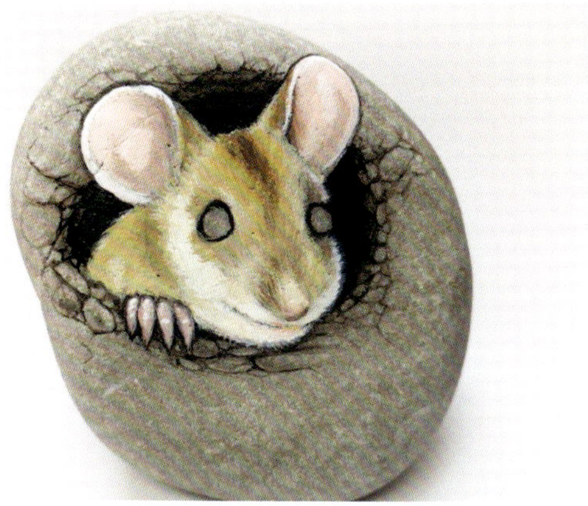

4 Bei der Maus sind richtig viele Farbschichten zusammengekommen. Ich habe meine Maus zwischendurch fotografiert und mit einer Fotovorlage auf dem Handy verglichen. Wenn ich dann beide Bilder nebeneinander sehe, kann ich leichter erkennen, welche Farben noch verteilt werden dürfen.

5

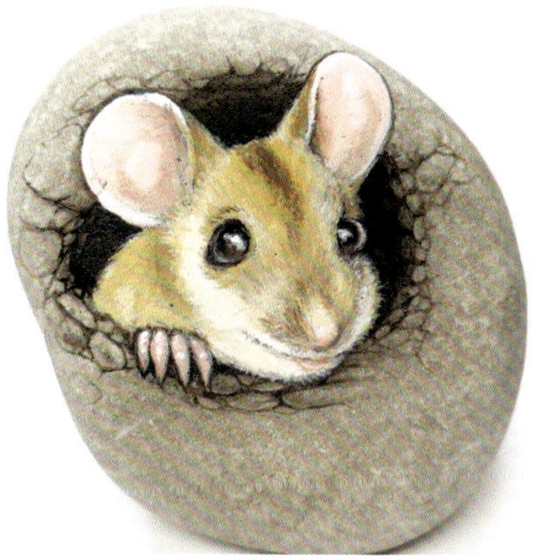

5 Im Fotovergleich habe ich auch die genaue Form und Position der Augen viel besser sehen können. Für das Malen beim Fell ist ein kleiner Pinsel mit einer ausgefransten Spitze am geeignetsten. Die dunkle Linie am Kopf ist mit Schwarz und einem lasierenden Braunton entstanden.

6

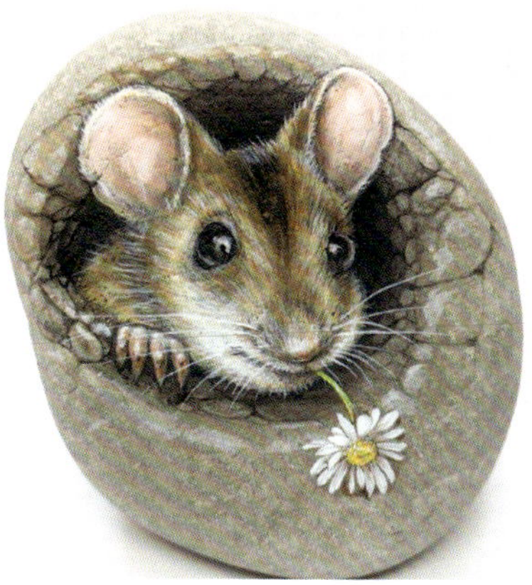

6 Erst wenn das Fell vollendet ist, kommen die Schnurrhaare mit dem feinsten Pinsel darüber. Die Eingebung mit dem Blümchen hatte ich erst zum Schluss, und ich freue mich, dass die Zugabe eine so freundliche Stimmung bringt.

TIPP

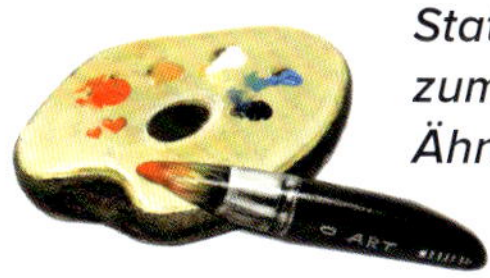

Statt des Blümchens kannst du zum Beispiel auch ein Kleeblatt oder Ähnliches einsetzen.

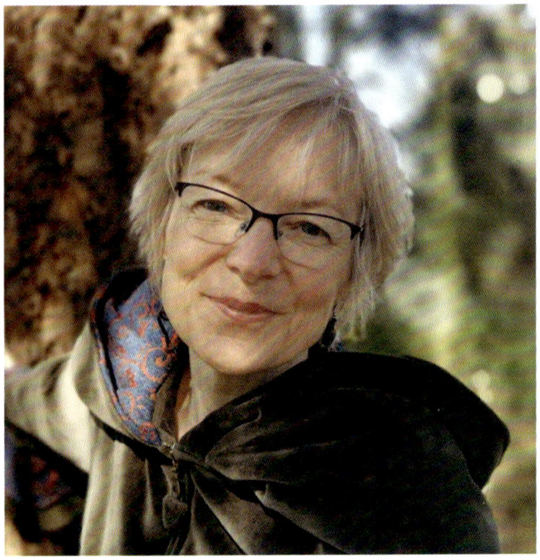

Über die Autorin

Marion Kaiser, 1968 in Berlin geboren, durfte die Ausbildung und den Beruf als Porzellanmalerin bei der KPM Berlin 15 Jahre lang genießen. Kreativ ging es als freischaffende Künstlerin weiter. Dieses Buch zeigt die Erfahrung von 30 Jahren Steinmalerei und ist ihr Erstlingswerk.

YouTube: **Marion Kaiser**
Instagram: **Marionkaiserkunst**
Homepage: **https://marionkaiser.jimdofree.com**

IMPRESSUM

Bibliografische Information der Deutschen Bibliothek.

Die Deutsche Bibliothek verzeichnet diese Publikation in der Deutschen Nationalbibliografie.

Detaillierte bibliografische Daten sind im Internet über http://www.dnb.de/ abrufbar.

EIN BUCH DER EDITION MICHAEL FISCHER

1. Auflage 2021

Covergestaltung: Julia Happacher
Redaktion und Lektorat: Dr. Franziska Klorer
Layout und Satz: Lara Nelles

Bildnachweis:

Fotos: © Marion Kaiser

Ilustrationen:

Cover und Umschlag: © maxim ibragimov / Shutterstock; © Picsfive / Shutterstock; © Nataliia Tosun / Shutterstock.

Innenteil:

S. 1: © Denphumi / Shutterstock; S. 2-3, 6-8, 10-11, 92, 96: © Nataliia Tosun / Shutterstock; S. 3, 84: © shir_1988 / Shutterstock; S. 3, 11, 14, 18, 22, 26, 30, 34, 38, 42, 45, 50, 54, 58, 62, 66, 70, 76, 80, 84, 88, 92: © nfsstudi0 / Shutterstock; S. 6, 8-9, 10, 14, 18, 22, 26, 30, 34, 38, 42, 46, 50, 54, 58, 62, 66, 70, 76, 80, 84, 88, 92: © tatishdesign /Shutterstock; S. 6-11, 14-18, 20-22, 24-26, 28-30, 32-34, 36-38, 40-42, 44-46, 48-50, 52-54, 56-58, 60-62, 64-66, 68-70, 72-76, 78-80, 82-84, 86-88, 90-92, 94-95: © Yourbookkeeper / Shutterstock; S. 14, 18, 22, 26, 30, 34, 38, 42, 45, 50, 54, 58, 62, 66, 70, 76, 80, 84, 88, 92: © maxim ibragimov / Shutterstock; S. 14, 16, 30, 46: © Bodor Tivadar / Shutterstock; S. 18, 20: © IMacron / Shutterstock; S. 22: © Serafima Dashkevich / Shutterstock; S. 26: © JBOY / Shutterstock; S. 34, 54: © grop / Shutterstock; S. 38, 40: © aksol /Shutterstock; S. 42: © Val_Iva / Shutterstock; S. 50, 70: © tanyabosyk / Shutterstock, S. 58, 61: © Elina Li / Shutterstock; S. 62: © Serafima Dashkevich / Shutterstock; S. 66: © LAATA9 / Shutterstock; S. 76: © TheMumins / Shutterstock; S. 80: © Chinch / Shutterstock, © Elena3567 / Shutterstock; S. 88: © Nikiparonak / Shutterstock, © AnastasiaOsipova / Shutterstock; S. 92: © CraftCloud / Shutterstock.

ISBN 978-3-7459-1048-3

Gedruckt bei Polygraf Print, Čapajevova 44, 08001 Prešov, Slowakei

www.emf-verlag.de